书有光
读最美

—— 让孩子爱上阅读的融合实践

沈建英 著

上海教育出版社
SHANGHAI EDUCATIONAL
PUBLISHING HOUSE

图书在版编目（CIP）数据

书有光　读最美：让孩子爱上阅读的融合实践 / 沈
建英著. —上海：上海教育出版社，2023.4
ISBN 978-7-5720-2011-7

Ⅰ.①书… Ⅱ.①沈… Ⅲ.①阅读课 – 中小学 – 教学
参考资料 Ⅳ.①G633.303

中国国家版本馆CIP数据核字(2023)第076873号

责任编辑　孙明达
封面设计　陆涵之

书有光　读最美——让孩子爱上阅读的融合实践
沈建英　著

出版发行　上海教育出版社有限公司
官　　网　www.seph.com.cn
地　　址　上海市闵行区号景路159弄C座
邮　　编　201101
印　　刷　上海颛辉印刷厂有限公司
开　　本　700×1000　1/16　印张 13
字　　数　150 千字
版　　次　2023年5月第1版
印　　次　2023年5月第1次印刷
书　　号　ISBN 978-7-5720-2011-7/G·1805
定　　价　58.00 元

如发现质量问题，读者可向本社调换　电话：021-64373213

序一

尹后庆

教育家苏霍姆林斯基曾说过："让学生变得聪明的办法不是补课，不是增加作业，而是阅读、阅读、再阅读。"确实如此，阅读是学校教育的重要任务。可以说，一所没有阅读的学校，绝对不是一所好学校，也永远不可能有真正的教育。

学校本该是读书的地方。曾几何时，为了那一纸分数，我们的校园少了琅琅的读书声，多了笔尖磨蹭纸面的沙沙声。没有书声琅琅的校园虽是多了一份宁静，却是少了一份勃勃的生机。而今，随着信息时代的飞速发展，阅读已经成为一种稀罕事。只要你有心观察，在闲暇时间，孩童手里捧着的不是书本，而是电子产品。孩童的未来是一个民族的未来。如果孩童不想、不喜欢读书，把大量的精力用于享乐、游戏，那是一件非常可怕的事情。

学校就是读书的地方，这是一个最简单不过的道理。阅读是校园最本真的风光。看这所学校是不是崇尚阅读，只要听一听校园里有没有琅琅的读书声；只要看一看孩子们的书包里面有没有"闲书"；只要进一进图书馆，看看那里有没有孩子在滋滋地"啃着"书本；只要摸一摸图书馆或老师办公室的图书，上面有没有灰尘……

教育，回归本来，才能面向未来。"有好的阅读，才有好的教育。"2023

年全国教育工作会议上，教育部党组书记、部长怀进鹏重点提出："要把开展读书活动作为一件大事来抓，引导学生爱读书、读好书、善读书。"与此同时，教育部等八部门联合印发了《全国青少年学生读书行动实施方案》，将阅读行动纳入"双减"的要求，明确了全国青少年学生读书行动的指导思想、基本原则、工作目标、重大行动、主要举措等，并提出了通过3到5年的努力，让广大青少年学生阅读量明显增长，阅读兴趣、阅读能力持续提升，为养成终身阅读习惯打好根基。

一所学校，它的生命力不能仅仅看校园有多大、硬件如何现代化，更要看师生读书思考的投入程度，这是学校内涵发展的原动力，是学校可持续发展的希望。

上海市青浦世外学校（小学部）在推进校园读书的路上，用自己的阅读实践与创造力为孩子们的未来造梦。"书有光，读最美"，学校将校园打造成一座"行走的图书馆"，除了建有宽敞的图书馆和阅览室，还在每个教室里安置书柜，在教学楼每层楼道上设立阅读长廊，在大厅、在转弯处设有微型书架，在走廊的墙面上进行"好书推荐"，每个年级每月更新流动图书馆。徜徉在校园的每一个角落，孩子们可以随时随地拿到自己喜爱的图书进行阅读，享受走进书中的快乐。不仅如此，学校还将阅读根植于校园文化之中，让阅读走进课堂，让阅读走到课外，让阅读成为孩子们课程学习的一部分。趣玩阅读、手账阅读、阶梯阅读、把阅读搬上舞台、行走阅读、整本书阅读、群文阅读等适合孩子们阅读的方法和基于学习方式变革的多渠道阅读载体，让读书成为孩子们学习中最强烈的欲望和行动，让阅读照亮孩子们前行的道路。

学校的校长喜欢读书，而且用心读书。沈建英校长有自己的读书计划、读书思考，带动老师一起读书，保护学生的阅读兴趣，帮助学生养成热爱读书的习惯，教会学生阅读的方法，引领和推动校园读书活动。她倡导以教师的"有声阅读"去吸引学生、感染学生、影响学生和家长的阅读；依托数字技术，搭建"摩天轮阅读"；探索"项目化""主题式"阅读，让阅读从校园走向家庭、走向社会，构建以学校为主的校内外阅读大格局。

而今，当我拿到《书有光 读最美——让孩子爱上阅读的融合实践》这本书稿，更是看到了一位学校校长、一群语文教师对读书的喜欢和热爱，看到了上海市青浦世外学校（小学部）全体师生的生命张力，看到了一所被学生喜欢、家长满意、社会认可的具有影响力的民办学校。也正是因为阅读，让这所学校在短短的七年间能被同行所称赞和推崇。

教育最美的风景，那就是一位喜欢读书的校长带着一群热爱读书的老师，陪着孩子们坐在书籍的阶梯上滋滋阅读。

读书同浓，让我们一起追寻！

严伯庄

2023 年 3 月 28 日

序二

郑桂华

　　过去，人们一直把"读书"当作学习的代名词。比如，把学生称为"读书郎"，把知识分子称为"读书人"，用"腹有诗书"形容气质高雅的人，用"耕读之家"形容生活健康、积极向上的人家。为什么读书如此重要？人类认识世界的方式无非两种，直接经验和间接经验。随着人类文明的发展，知识总量越来越多，间接经验在人的认知活动中所占的比例会越来越高，而书籍则是承载人类间接经验的主要媒介。至于语文学习，它与读书的关系就更加密切了，但凡在文学创作方面有成就，或在语文学习方面有心得的人，几乎都满怀深情地描绘过小时候醉心读书的情景。可是，不知从什么时候起，语文课堂里有声有色的读书成了稀罕事，学生的读书声越来越稀少，取而代之的是教师对课文的深度分析；家庭作业中读书的内容越来越少，取而代之的是一张张习题卷；节假日学生的自由阅读越来越少，取而代之的是参加各种技能学习的辅导班。

　　从理念上说，今天几乎没有人否认读书的价值，没有人否认多读书对语文学习乃至精神成长的重要性。但是，落实到语文教学实践中，读书却常常是最容易被压缩，甚至被删除的内容。我曾经用"应为"和"可为"，即教师"应该要做的"和"实际能做到的"来形容人们对读书的"认知重视"和"行动忽视"的不一致性，并且比较悲观地认为，当下在语文课程实施中开展读书活动会面临三大挑战：一是随着人类知识总量的激增和学科分类的细化，分配给语文学科的学习时间会越来越少；二是随着社会价值转型，不同学科的价值产生了一定倾斜，学生投在语文学科上的时间、精力有不断减少的趋势；三是随着传播媒介的发展，人们的阅读方式也发生了巨大改变，借助纸质、较长篇幅、连续文本或经典内容为对象的阅读方式，受到以短视频为代表的碎片化、浅表化阅读的冲击。社会、单位以及家庭对教学评价的功利化、短视化，不利于需要长期积累才见成效的读书类学习活动的组织。因而语文教学中组织读书活动的"应该怎么做"与"实际能够做"之间，实际上存在着一条不可逾越的鸿沟，只凭几个语文教师、几个学校的力量是很难跨越它的。沈建英老师的这部书稿使我意识到，我的看法失之偏颇，在引导学生读书，以读书为中心组织中小学的语文学习活动，"应为"和"可为"的距离并没有那么大，真应了那句老话：事在人为。

初看这本书，我的第一个感觉是，它可以作为读书教学活动手册来使用。书中的主要部分，包括第二、第三、第四章，都是介绍读书方法的，仅第二章，便有13种之多。人类阅读活动已经有两千多年的历史了，前人总结的读书方法、读书经验不胜枚举，如果只停留在介绍一般读书方法，价值是很有限的。这本书并不是对一般读书方法的简单罗列，而是做了许多选择、提炼甚至创造性的工作。比如，第二章第一节中介绍的"趣玩阅读""趣玩汉字""趣读绘本""悦读乐玩"，便是根据小学阶段学生的心理特点，结合小学语文教材中的学习内容而创设，突出一个"趣"字；第三节中介绍的"创意表达""分级手账""积以成习"，便突出了阅读学习的过程。第三章则主要介绍了学校开展的专题阅读活动。因此，更严谨地说，这本书介绍的并不是一般读书方法，而是小学阶段如何引导学生多读书、乐读书的教学法、活动组织法。而且对每一类方法，都有活动意义、特点、组织流程、实施效果的描述。如第五届校园主题"阅读节"，介绍了一年级"诗歌朗诵接力"、二年级"在童话里长大"、三年级"经典名著书签制作"、四年级"为经典诵读配音"和五年级"红色舞台剧"等活动主题，对许多教师和学校都有参考价值。

这本书给我的第二个感觉是有情感、有温度。一个语文教师想让学生喜欢阅读，如果仅在技术层面做文章，是难以深入持久的。他自己必须得先喜欢阅读，善于品出各种书的味道、体会阅读的乐趣，才可能有效地把对图书的感情、读书的味觉传递给学生，这便是对读书的情怀。这本书的字里行间，透露出沈老师对书本、对阅读的真感情，这种情怀来自哪里？是什么为它提供持续动力？功利性的刺激，职业规章的约束，只能部分地、阶段性地发挥作用，遇到干扰这些作用可能便会打折甚至失效。沈老师之所以对书籍有满满的情怀，是"从小喜欢看书"，"做了老师以后，还是那么喜欢看书，闲暇时间，总是捧着一本书坐在窗前细细地咀嚼着书中的文字，品味着书中种种的滋味。"对她来说，读书不再单纯是谋生手段，它"就是一种学习和生活的方式，是一种享受。"沈老师对阅读的这种感情是发自内心的，在课堂上想藏也藏不住，学生也一定能从教师的言行中感受到。反过来，如果一个教师自己不喜欢读书，对书籍没有敬畏，而只要求学生去做，他自己不够理直气壮，效果也不会好到哪里。从沈老师与书的接触史也可以推断，如果从小就培养学生对书籍的兴趣，等于在他们幼小的心灵种下了亲近书籍、热爱阅读的种子，这比让他们记住几本书的内容、掌握几种阅读技巧，价值要大得多。

这本书给我的第三个感觉是，学校的阅读环境意义重大。一个语文教师在理解某本书的内容、帮助学生制订读书计划、组织班级读书活动等方面，固然会产生很大作用，但在学生读书习惯的养成，以及读书环境的建设方面，靠教师的一己之力往往收效甚微，这需要借助更多资源，包括班级、教研室、学

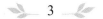

校以及家庭，才能营造有利的环境。在这本书中，不时可以看到"跟同事商量""跟家长一起""我们教师""学校各年级"这样的表述。可以说，经过多年的建设，在青浦世外已然形成了有利于阅读的大环境。比如，学校统一布置的"经典书籍阅读打卡"活动，学校统一建设的中文阅读网站，连续举办了6届学校规模的阅读"嘉年华"主题活动，学生、教师、家长一起参加，在引导读书、组织读书方面上实现了制度化、全员化，真正体现了"校园是行走的图书馆""人人都是读书的主角"。从这个角度上说，这本书分享的不只是这一位教师的经验，也是全校的共同经验。这些做法不仅对小学阶段语文教学有帮助，对初中、高中阶段，对整个学校读书环境的建设，也有不少借鉴价值。

　　沈老师在书中描绘的读书教学情境，也让我想起在中学教书时的一些经历。当时，刚参加工作不久的我，利用读书笔记与学生交流思想情感，与学生交换读物，也是常有的事。记得有一次上课我提到一本书的名字，并随口说了一句"这本书我还没有"，没想到周一上课时，教桌上便赫然摆着那本书。至今，那本书还保存在我的书架上，今天回忆起来，仍然带给我满满的幸福感。如本书所言"读书是甜美的"，那么与学生一起，"阅读的过程更是甜美的"。当然，我当年在引导学生阅读上所做的，与沈老师以及青浦世外老师所做的不可同日而语。于是，忍不住为沈老师在引导学生读书上付出的努力喝彩，为她在组织全校读书活动上取得的成就鼓掌，也希望更多的教师参加进来，把语文教学中的若干"应为"变成实实在在的"可为"。

2023 年 4 月 6 日

前言

　　1996年夏，我踏上教师岗位，成为一名光荣的小学语文教师。当时，上海市一期课改正如火如荼地展开，小学语文学科的功能定位逐渐明晰。语文教学大纲明确指出：语文是一门重要的基础学科，不仅仅具有工具性，而且具有很强的思想性。

　　初上讲台，我喜欢以阅读为抓手，关注对语言文字的理解，实现"文道统一"。我的课堂书声琅琅，学生思维活跃，教学节奏明快。工作第二年，我就参加了上海市教委教研室、小学语文专业委员会组织的"小学语文阅读教学"评比活动。初出茅庐，我就获得了所在区县教学评比第一名、上海市一等奖，这也是我语文教学的起步。随后，我又多次参加上海市小学语文中青年教师课堂教学评比，参加全国语文教师素养大赛、阅读教学大赛……当全国特等奖的奖杯捧在自己的手里时，当我成为高永娟、周云燕、张秀丽名师工作室的成员时，我的语文教学思想也日渐成熟。

　　七年前，围绕"充分关注表达，提高语言素养"这一语文教学核心问题，我梳理多年耕耘足迹，编著了《小学语文课堂耕耘录》（上海交通大学出版社）一书，这本书成为众多学校培训语文新教师的主要推荐书目，成为区域语文骨干教师研修班的必读书，更是成为精品课堂打磨的典范。随后，我用三年时间，录制了小学语文一至五年级十册教材的全部课文朗诵音频，并附有简明扼要的朗读解析。

渐渐地，我从一个语文教师到一个团队带头人，从管理一个语文教研组到协调多学科的融合，一步一个脚印地研究"阅读"与学生成长的关系。"无阅读，不成长"，这是我的教学体会，更是我们青浦世外每一位教师的共识。今天，我站在一个语文老师的角度，把20多年来在阅读方面的思考、实践和收获，通过《书有光　读最美——让孩子爱上阅读的融合实践》这本书，展示分享一个孩子、一个班级，乃至一所学校如何沉浸于书籍，遨游于书海的策略、方法和路径。本书以教育叙事的形式，叙述了我和我的同事的阅读教学实践经验，还有孩子的校园阅读故事，用最朴实的语言描述了让孩子爱上阅读的融合实践。

本书由四个章节组成，围绕"激发学生的阅读兴趣、教给学生的阅读方法、培养学生良好的阅读习惯"的宗旨，分别从阅读带给孩子生命成长的意义和阅读方法的推荐，校园阅读活动的灵动实践，多渠道阅读途径的探索，在新课改背景下阅读实践活动创新四个方面，铺展我和我的同事一起引领和推进校园的阅读教学和阅读活动的故事，以及孩子在阅读过程中的收获和成长。

又是一年春光烂漫时，正逢教育部等八部门联合印发了《全国青少年学生读书行动实施方案》的美好时刻，我们将此书的出版，作为响应教育部推进学校读书活动的起点，并带着这份阅读情怀走向更美的书香校园。

愿借此文，表达谢意，言以铭志。

目录

第三章 阅读可以这样丰富

第四章　阅读可以这样创新

第一章

阅读的孩子最美

何谓阅读？一言以蔽之，阅读就是从信息符号中获取意义的一种复杂的智力活动。这些信息符号中好像藏着幸福快乐的密码，让人甘之如饴。无论是最早刻在龟壳、兽骨上的甲骨文，还是如今带着油墨香的书籍，都是人类智慧的沉淀。啜饮这样的文化甘露，自然甜美醉心。触摸文字的过程，像是和一个又一个鲜活的符号对话，破译"密码"获取意义的过程，充满了探索的乐趣。

"虽有嘉肴，弗食，不知其旨也"，书籍亦如是。书中的宁静和甜美，需要每个人用心追寻。于是，阅读便成了如今每个人的必修课，更是伴随孩子们成长的重要组成部分。它能让孩子们看到更广袤的生命空间，经历更丰富的人生；它能满足孩子的好奇心、求知欲，让他们在积极主动地和文字对话的思维过程中，激发想象力，提升他们的思维能力；最重要的是它能涵养气质，提升人格魅力，浸润生命，浇灌幸福的生命之花。

当然，从阅读中获益不是一蹴而就的，需要持之以恒，博专并举，并掌握一定的阅读方法。陶渊明读书，每有会意，便欣然忘食。可见读书需要全身心投入——眼到、心到、口到、手到……多感官的协同合一，边看边诵读、边诵读边思考、边思考边批注，这样，才能享受到阅读的甜蜜滋味。

第一节

阅读是甜美的

- -

从小我就喜欢看书，只要做好作业，我就会安静地捧着书一页一页地读过去。这些书或是儿童文艺，或是科幻小说，抑或是经典名著。长大了，做了老师，我还是那么喜欢看书。闲暇之余，总是捧着一本书坐在窗前细细地咀嚼着书中的文字，品味着书中种种的滋味。经常有人问我："你这么喜欢看书，那阅读带给你的是怎样的味道？"这是一个多么有趣的问题！确实，阅读是有味道的，阅读是有感觉的。

书有百味。有的说，书是"甜美的"；有的说，书是"辛辣的"；有的说，书是"苦涩的"；还有的说，书是"平淡的"……读书百味，甜酸苦辣。我想，或许是书中的内容给予你不同的感觉，或许是你对读书这种学习方式有不同的感觉。对于我来说，读书就是一种学习和生活的方式，是一种享受。因为读书带给我的味道是甜美的，是快乐的！

一、阅读·越甜

甜的味道是一组通往幸福快乐的密码。所以，人们常用"甜"来形容灿烂的笑容和美好的话语。我想用"甜"来形容读书，而且阅读带给人们的味道是"越读越甜"。

（一）书是甜的

我国宋代教育家程颐曾说：外物之味，久则可厌；读书之味，愈久愈深。的确，书的甜味，那是不可言传的感觉。很小的时候，我就喜欢触摸书本，这么做是为了得到家长的夸奖，所以只求囫囵吞枣，没去细细品味。但其中书本的香甜却是一直令我回味，久久不能忘却。也正是这书香的味道，让我陶醉在博大精深的中华五千年文化之中，领略于奇花异卉的外国文学之中。诗经的优雅唯美，楚辞的浪漫情怀，汉赋的丽词雅义，唐诗的豪迈洒脱，宋词的清丽绮美，元曲的质朴明快，明清小说的荡气回肠，都令我着迷和动情。中华文化的诗词经典，就这样滋养了一代又一代的华夏子孙，塑造着我们中华民族的精神。外国文学犹如餐桌上的一道道美食，让我情不自禁择卷而读：《鲁滨孙漂流记》《老人与海》《童年》《钢铁是怎样炼成的》……每每捧书阅读，就像啜饮文化的甘露，像蜜蜂采蜜，为的是享受精神的富有，建造起自己思想的殿堂。

当然，不同的人对书的味道有不同的理解，就像不同的人对食物的看法和感觉不一样。有的书，像苹果，酸酸甜甜的，咬一口便品尝到它的甘美；有的书，像青青的橄榄，吃上一口并不爽，甚至还有些苦涩，但细细咀嚼起来，便会感到一股清香，回味无穷。人生百味，有甜有苦、有辛有辣、有喜有悲。但书不一样，它在经受了各种滋味的提炼后，留给我们的还是甜味，是让人愉悦、助人成长的好味道。

（二）知识也是甜的

犹太人是这个世界上最有智慧的民族之一。拥有知识的人才能拥有一切，而真正的知识和智慧是甜蜜的。因此，犹太人在他们的孩子稍微懂事时就会举行一个仪式：母亲翻开书，滴上一些蜂蜜，让孩子捧着书舔一舔。虽然只是一个简短的仪式，但用意却很深刻，目的是让孩子在懂事之前，就感受到书是甜的，知识也是甜的，它使人受益匪浅。

在我国，对知识的崇尚自古有之。绵延数千年的藏书文化是我国颇为珍视的传统文化，那些达官贵族爱书惜书、藏书万卷，甚至建造藏书阁，享受拥有知识的快乐；还有那些书生虽然贫穷，但他们也是酷爱读书，嗜书如命，因为他们知道唯有知识才是改变他们命运的法宝。多读书，多积累，一本好书就是一把精神食粮，留给我们的是幸福和富有。

知识是甜的，知识也是鲜的。福特汽车的首席技术专家路易斯·罗斯打过一个比方："知识就像鲜奶，纸盒的边上印着有效日期。"这个比方形象生动地告知我们：知识就像纸盒里的牛奶一样是有有效期的，需要及时更新，而不是守着即将过去的知识故步自封、沾沾自喜。如果知识过期了，旧的知识就像纸盒里的牛奶，很快就会变质。变质的知识不仅不甜，还会伤害身体。因此，生活在信息时代的我们，一定要不断获取知识，加快知识更替，让知识永远保持新鲜。

（三）阅读的过程更是甜的

读书是现代社会中每一个人必须经历的一个过程。读书是一条通往阳光之路，需要我们拥有丰富的知识、过硬的本领、坚强的毅力、敢于创新的勇气。唯有读书才能获得向上、向善的力量，翻越人生中的大山，去看一看山那边的风景。尽管道路崎岖险峻，但当你通过阅读汲取知识、启迪智慧、获得力量，在翻越人生中那一座座大山的刹那间，你看到的是希望和光明，拥抱的是幸福和甜蜜。此时，你获得的感受一定是：阅读的过程真甜。

阅读是一件非常辛苦的事，而且一定是一个先苦后甜的过程。古有苏秦和孙敬"刺股悬梁"、匡衡"凿壁偷光"发奋读书的例子；今有文学家鲁迅嚼辣椒驱寒坚持夜读，相声演员侯宝林冒雪去图书馆抄书这样的名家名人酷爱读书的故事。只要你细心去感受，那些"书山有路勤为径，学海无涯苦作舟"的感人故事就会跃然眼前。这些故事告诉我们：只有吃过读书的苦，才能更从容、更自信地面对生活的累，收获未来的甜。别怕吃读书的苦，当你能够感受到阅读甜度的时候，就是你人生中一个极大的进步。

二、阅读·阅美

2017年8月，江苏卫视推出了一档大型文化情感类特色节目《阅读·阅美》。节目每一期都会邀请不同领域的名家以"美文推荐＋美文朗读＋人物访谈"三位一体的模式，阅读不同的文章，向人们传播文字之美、阅读之美、生活之美，感悟不同的情感和人生，探寻生命的价值，品味生活的真善美。各路名家从幕后走到屏前，从阅读名人轶事到讲述普通百姓的故事，传递着有厚度、有温度的精神正能量。栏目引发屏幕前众多观众的强烈共鸣。

（一）阅读之趣在于感悟发现美

"美"是这个世界最富感染力的词，对"美"的追求是每个人心之所向，"美"引导人们去追求最崇高的价值。如果阅读的过程缺乏感悟、缺乏发现美的热情，那么阅读就会变得索然无味。文学是一门艺术，艺术需要审美，而阅读的过程就是审美的过程，是感悟、发现美的过程。大多数文学作品都是文质兼美的，具有令人动情的感染力。文字词语的美、节奏韵律的美、人物品格的美、情节跌宕的美、山水文化的美、思想内涵的美……其中的味道美妙绝伦，牵动着读者的情，萦绕着读者的心，激荡着读者的思，而唯有沉浸在阅读之中，才会有感悟和发现。

"美"不仅是感受、感觉，更是心灵的洗礼。在书的墨香里，不是每一本书都能带给你这样尽善尽美的享受。唯有读好书才可以陶冶情操，启迪智慧，探究生活真谛，提升人生境界，让我们摆脱愚昧和无知，走向更美好的未来世界。歌德说得好："读一本好书，就如同和许多优秀的人在谈话。"的确，读一本好书，就如同饮一泓清泉，甘之如饴，浸润心灵；读一本好书，就像交到一位知己，心灵相互感应，知遇最美的生命，达到精神上的共鸣；读一本好书，就如同找到一盏明灯，把梦想照进现实，让人生的每一个阶段都是那么美好。

（二）阅读是一个人最美的姿态

在校园的槐树下有一张石椅，石椅上坐着一个扎着马尾辫、垂着长长秀发的小女孩。她披着晨雾，在晨光熹微中，手捧书卷，正神情专注地阅读，这便是经常在我眼前呈现的最美的读书姿态。我非常享受如此阅读的宁静和轻松，那种书卷的儒雅之气，那种陷入沉思的深邃神情，那种仿佛与智者在进行无言的沟通和交流的场面，真是妙不可言。阅读者的姿态最美！"一方庭院深幽处，半卷闲书一壶茶"，从古至今文人雅士最为讲究阅读情境，阅读者和阅读环境相映相衬，构成一幅最美的阅读画面。

阅读的人，有些孤独，需要静下心，甘于坐冷板凳，耐得住寂寞地潜心阅读。唯有孤独和专注，才让人沉思，此时才会有思绪如泉涌，下笔如有神的美好，方能创造出璀璨的艺术和文化。时代在变化，科技在创新，但唯有热爱阅读的你不变。生活在快节奏社会的我们，会莫名丢掉许多宝贵的东西，唯有放慢脚步拥抱书本，才能感受阅读的唯美，生活的美妙，世界的博大。台灯、书桌、书本，静默如初，享受独处阅读的曼妙时光；借助电脑、网络，你可以阅读得更远，交流得更广，行走得更稳，你还可以和地球那一头的志同道合者对话。阅读中的你，如此之美，美得高雅无瑕。

（三）阅读之美还在于创造美好

阅读的过程就是一个再创造的过程，它是读者与作品的一个思维碰撞的过程。"一千个读者眼中就会有一千个哈姆雷特"，阅读是彰显个性的创造性实践，读出个性、读出自我、读出世界的多姿多彩。我们感受作品的方法就是朗读。朗读是阅读的基础、是理解的起点。朗读是一种有效的阅读方式，也是一种再创造的活动。要体味作品的语言之美，那就要从朗读开始。要有感情地诵读，读出声音来，用心去读，读出美的滋味来。此时的朗读，不再是见字出声，而是"内明于心，外达于人"的语言实践。这不仅是感悟、发现阅读之美，更是一个创造美的过程。通过朗读铺展自己对作品的理解，抒发自己的情思，用美妙的声音创造出更加绚丽多彩的世界。

阅读的创造之美还在于倾注笔端的表达。叶圣陶曾说过："阅读是吸收，写作是倾吐，倾吐能否合于法度，显然与吸收有密切的关系。"有了充分的阅读就会有创作的激情和灵感，就能产生文学的构思，呈现精彩的作品。没有阅读就没有创作表达，读得越深、越博、越精，获得的思想和感受就越为丰富，就越能创作出感人至深、令人耳目一新的佳作，为读者带来更美好的文学世界。我们要多读、多行、多思，不断吸收和积累，方能达到"思风发于胸臆，言泉流于唇齿"的创作意境。

三、阅读·悦乐

"如果这个世上真的有天堂，天堂应该是图书馆的模样。"博尔赫斯的至理名言，几乎成了所有读书人的终极梦想。天堂就像神话故事里的天廷一样，是人人都心向往之的仙境，因为那是快乐和幸福的源泉。因阅读而快乐，因快乐而阅读，那是人生的惬意和幸福。

（一）阅读是一场快乐的旅行

如今，越来越多的人喜欢大自然，总是在闲暇时间去踏青、去爬山、去看海。旅行的轻松、快乐和自由总让人们追寻不止。阅读又何尝不是一场奇妙的旅行，领略一本好书的精彩恰如享受一场旅行的惬意，能让你感受到别样的风景和体验。世界那么大，我想去看看。阅读，就是一段说走就走的旅程。这场阅读的旅行，最重要的是轻装上路，没有任何负担，不求任何功利。因为读书的目的是纯粹的，在于知礼立身，获取知识，追求智慧，拓宽眼界，丰富人生，充实自己。阅读与旅行，既是乐事，也是雅事。

作者是最好的导游，文字和语境是最好的风景。阅读让我们一边领略山水名胜、风土人情，一边受到心灵涤荡、思想升华。书由心发，心随字走，情随书动。阅读，就是心灵的旅行，在文字中旅行，在飘香的书页间游走，在先哲的思想里行吟；阅读，就是思想的旅行，思想足迹有多深远，阅读的空间就有多广；阅读，就是快乐的旅行，在读书过程中集中精力寻找属于自己的快乐。阅读快乐，快乐阅读，阅读悦乐，才是读书的根本目的。保持这样最纯粹的目的，我们的阅读才会有效率，不断加快前行的脚步，去找寻更美的风景，创造更快乐的生活。

（二）阅读让全身心获得滋养

研究机构 Kelton Global 在全球 13 个国家开展有关阅读的调研报告中显示，喜爱读书的人通常会比其他人更加快乐。确实如此，坚持阅读的人，不但涤荡了心灵、获得了智慧，更是在阅读的过程中获得了快乐和幸福。但是，那种带来幸福和快乐的阅读，绝不是浅层阅读，也绝不是装模作样的阅读，而是出自内心的真正阅读。那是用心、用情全身心投入，调动自己所有的感官系统全情投入，把阅读做到熟于心、润于情。唯有这样，才能带来心灵深处的巨大愉悦。

阅读悦乐，要求我们带着一种恬适的心情去阅读，以愉快的情感去拥抱书籍、去浸润阅读，才能获得阅读真正的快乐。因此，真正的阅读是把读书作为一件快乐的事情，爱上阅读，有兴趣地去阅读，从内心深处产生主动阅读的需求。我们一旦爱上阅读便欲罢不能，会不停地阅读，越读会越博，越读会越广，越读会越新，越读会越精，越读会越好。只有这样，才会构建有意义的阅读。这就是我们所说的"悦读"：快乐地读，读得快乐。以读为乐，用一种快乐的心态去阅读，我们的阅读学习就不再单调，不再无聊，不再乏味。

（三）阅读能遇见更好的自己

"读书，正是为了遇见更好的自己。"这是著名作家杨绛的一句名言，我甚是喜欢。"更好的自己"是怎样的呢？我的理解，那是儒雅的自己、豁达的自己、智慧的自己、进取的自己、担当的自己、知性的自己。作为教师，我更是一个令学生敬仰的长者，令家长喜欢的伙伴，令社会称赞的师者。

腹有诗书气自华。读书可以怡情、养性，读书更是能让人立德明志修身齐家。苏轼写出了"发奋识遍天下字，立志读尽人间书"的传世诗句，成为后世敬仰的诗人；周恩来因"为中华之崛起而读书"的坚定信念，成为一位深受全国人民爱戴的好总理……阅读能为人们提供精神与心灵的滋养和享受，重建一个全新的自我。

知识能改变命运。习近平总书记说："我最大的爱好就是读书，读书已经成为我的一种生活方式，读各类书，我想这是一个终身的爱好。"习近平总书记的阅读法则指引着我们把阅读作为一种爱好、兴趣和习惯，为生活而阅读，为工作而阅读，为未来而阅读。书中藏着我们学习、生活、工作需要的珍贵的东西，是我们创造美好生活的源泉，从书本中来，到生活中去，使我们更加见贤思齐、奋发进取。相信我们读过的书不会白读，它总会在未来的某一个场合帮助自己表现得更出色。

第二节

阅读伴随儿童成长

　　有这样一则故事：在美国犹他州土尔市的一所学校里，师生都不太爱阅读，这可把学校的路克校长给急坏了。为了鼓励和号召全校师生投入阅读活动，激发他们的读书热情，在一次学校的大会上，校长说："如果你们在11月9日之前读完15万页书，在那天，我就爬行上班。"师生为了打赢这场赌，真是来劲了。他们抓紧时间读书，拼命读书，终于在规定的时间内读完了15万页书。而那位校长也遵守自己的诺言，在冰天雪地里爬行了1.6公里，整整3个小时，途中磨破了5副手套，护膝也磨破了。校长的行动为他赢得了全校师生的拥护与爱戴，还达到了他所期望"全校师生都爱上了阅读"的目标，阅读也成为这所学校一道美丽的风景线。

　　故事虽然简短，但这一画面却始终定格在我的记忆深处。这位校长是一位聪明的校长，更是一位懂得教育的校长。他信守诺言，用打赌来激励全校教师和学生读书，因为他深知阅读给人成长的力量，提升成长的价值。阅读给生命留下最为丰富的、最为重要的人生底色。

一、看见人生，丰富经历

孩子成长的真正意义，在于他是否能成为一个优秀独立的、视野开阔的、乐观善良的、富有梦想的人。经专家考证，那些高分低能的孩子，往往只重视机械呆板的刷题训练，而忽略了读书和成长的真正意义。一个拥有优秀品格、健全人格的人，一定是与阅读有关，而且经历了丰富的阅读历程。

（一）阅读，能照亮儿童的成长之路

读万卷书，行万里路。自古以来，我们的先辈就深谙其道，重视从书籍中汲取营养，以追求自己的仕途。当孩子翻开书，美妙的童话世界，可以帮助孩子认识社会、理解人生，懂得要做一个通达事理、明辨是非的人；当孩子阅读经典文学时，就如同和许多高尚的人在谈话，每一本书就是一个朋友，教会他们如何去生活、去学习、去交友、去做事，正确看待人生；当孩子翻开书，一个个英雄的故事在他们身边演绎，是熏陶、是感染，更是激励，对英雄的敬意在心中油然升起；当孩子翻开书，进入科幻世界，他们的脑洞被打开，插上想象的翅膀，畅想未来的生活……

可以说，一个没有阅读的孩子其成长之路是灰暗的，一个没有阅读的学校永远也不可能拥有真正的教育。有位教育学家曾说过："当偏僻乡村的孩子有了与中心城市的孩子一样多的优质图书时，他们的精神发展的起点就站在了同样的起跑线。"[1]阅读，是每一个孩子成长的重要基石。尤其是在孩童时代，是一个人的阅读黄金期和关键期，一旦错过，其精神成长的缺失是很

---

[1] 雅言.用阅读照亮孩子的成长之路［N］.人民日报，2022-4-25（5）.

难弥补的。

（二）阅读，能丰富儿童的生活经历

阅读，不仅能增长知识，还能丰富孩子的生活经历。儿童文学作家彭懿曾经这样概括童年阅读的意义：因为有了童年阅读，当我们回道童年的时候，在我们朦胧的记忆中，就有一片明明暗暗的萤火虫，闪烁着诱人的光芒。童年时期，因为有了书的陪伴，孩子的生活就变得更为多彩。尤其是随着现代生活节奏的加快，爸爸妈妈陪伴孩子成长的时间较少，阅读更能丰富孩子的日常生活和精神世界。

人生本来就是一本书，古人说得好：读万卷书，还要行万里路。古人把"阅读"和"生活经历"看成是人们走向世界、了解世界的两大重要途径。人的一生是有限的，而世界是广袤的，我们每个人都无法亲身经历世界上的每一件纷繁复杂的事情，也无法用脚去丈量世界的每一寸土地。但在书中，你可以看到大千世界，听到不曾听过的话语，活过比现实还丰富的一生。阅读，就是让孩子能间接地获取生活经历，知道世界的辽阔，哪怕没有行万里路，也可以从阅读中看见别人未能看见的万千风景，从书本里经历更为丰富的人生。

（三）阅读，能引领儿童的未来发展

对于少年儿童来说，一部好的文学作品，不仅可以成为他们童年时期的良师益友，也是他们在自己心灵深处种下未来发展的美好梦想。有时候，孩子在童年时代阅读的第一本书，可能就决定了他这一生的道路。"航天之父"康斯坦丁·齐奥尔科夫斯基就是从阅读科幻小说中点燃了他太空飞行的梦

想。因为小时候一场严重感冒，致使他失去听觉，不能走进学校学习。他就一头扎进图书馆勤奋读书，希望用阅读和幻想来忘却他所有的烦恼。这个时候，儒勒·凡尔纳的科幻小说吸引了他，他从科幻书中吸收营养、获得灵感，最终成为了不起的"航天之父"。凡尔纳的科幻小说，不仅点燃了齐奥尔科夫斯基的太空飞行之梦，也启迪了许多科学家的探索之路。

阅读，是少年儿童成长路上最为重要的能力，是终身学习必须养成的习惯，引领儿童未来发展。

二、发现好奇，促进思维

小学生天生具有好奇心，他们喜欢提各种各样的问题，喜欢身临其境去探个究竟，喜欢去发现这个世界他们所不知道的秘密。可以说，好奇心和求知欲是儿童认识世界的原动力，是儿童生命成长的一笔宝贵财富。而阅读正是满足儿童好奇心、求知欲和想象力的最好方式，也是一个积极主动的思维过程。

（一）增长见识，丰富知识面

学生的知识往往是从课文中得来的。但如果只注重课堂学习，那么孩子的视野、知识面也是相当局限的。见多识广的孩子往往对阅读持有浓郁的兴趣，也往往在大量的课外阅读中获得丰富的知识，增长见识，了解和认识世界。博览群书才能见多识广。小学生正处在记忆力的黄金时期，多背诵一些诗歌童谣，多看一些科普艺术作品，多阅读几本经典名著，哪怕是囫囵吞枣，也能形成知识体系。之后，在他们不同的学习阶段，甚至是长大后的工作或生活中，都会随时发现储存在大脑记忆深处的、未来得及消化的丰厚知识积存，并灵活地运用。

阅读是吸收、积累的过程，阅读得越多，吸收得也越多，积累得就越丰富，大脑里面碰撞出的灵感也就越多。孩子经过大量的阅读，各种信息会在他们的大脑里储存、吸收、碰撞、渗透、积淀，并在日常的语言中运用。孩子有了自己的思考能力，就会逐步形成观点，建构起一个属于自己的知识网络。

（二）发现好奇，激发求知欲

"月明的园中，藤萝的叶下，母亲的膝上。"这是冰心的诗句，描绘了一幅温暖的画面，也勾起了我儿时的记忆：那时的我也喜欢依偎在妈妈的怀里，听妈妈讲故事。我一边听着妈妈的故事，一边不停地问："然后呢……然后呢……然后呢……"对这个未知的世界，我充满了好奇。的确，世界无穷，知识无尽。通过阅读，我们能在书中发现好奇，从而探究"十万个为什么"的答案：人类起源是什么？人类如何对抗病毒？太阳究竟有多热？汉字是怎么诞生的？……

人生来就有好奇心，尤其是少年儿童时期，正是一个求知欲旺盛的时期，一本有趣味的书就能点燃孩子们强烈的好奇心。"为什么小鱼在水里游？为什么东西会往下落？太阳为什么会发光？……"那么多为什么从孩子们的嘴里迸发出来。此时，如果我们说："你怎么有那么多为什么？"刹那间，孩子就会无所适从，以后也不会提出那么多的问题；如果你告诉孩子："因为地球的万有引力，所以东西会往下落。"孩子可能会点点头，但他会似懂非懂地离开；如果你把《给孩子讲万有引力》一书推荐给他们，他们就会带着好奇通过自己的阅读去寻找答案。此时，孩子们不仅会从书中获得知识，从书中知道牛顿、伽利略等科学家的故事，还会引发他们持续阅读的欲望，追寻作者伽莫夫的其他作品：《给孩子讲量子力学》《地球简史》《太阳的生与死》《物理大师：伟大物理学家的故事》等。

（三）促进思维，提高想象力

在教学中，我们发现那些爱阅读的孩子，肯定是班中各科学习的佼佼者，也是大家眼中的聪明孩子，他们的学习能力和创造力更强；那些没有学好数学的学生，往往是卡在读题和审题环节之中，理解力跟不上来，追寻他们的阅读轨迹，往往是那些阅读较少或不爱阅读的孩子。家访时，我们也发现一个普遍现象，凡是家里有着比较浓郁阅读氛围的，孩子都会受到潜移默化的影响，自然在思维能力、理解能力等方面有所不同。简单说来，阅读不仅是获取知识、增长见识的过程，也是促进和提升思维能力的途径。

苏霍姆林斯基在《给教师的建议》中说过："必须教会少年阅读，谁不善于阅读，谁就不善于思维。"这里的善于阅读，一是指读懂作品内容；二是指在阅读中要学会比较、分类、追问、质疑和辩论，不断提升思维品质；三是指在阅读中要有联想创新。就是说，看别人的书时要想自己的事、自己的生活、自己的文章。善于阅读，对学生来说是一种非常重要的思维能力，是帮助孩子打开创新思维大门的钥匙，也就是常说的想象力和创造力。善于阅读的孩子，他们的思维会飞翔，有各种脑洞大开的奇思妙想。

三、陪伴成长，浸润心灵

作家冰心直到晚年，提起阅读，还津津乐道，感受到阅读是生命中最快乐、最有意义的事情。阅读文学作品对于孩子的作用，如同春雨之于大地，润物无声，让孩子的精神世界获得成长。

（一）涵养气质，提升人格魅力

气质对于一个人来说，是看不到摸不着的，但却决定着这个人留在别人心目中的印象。优雅、浪漫、洒脱……这是外表的气质；善良、友爱、正直、诚实、勇敢、睿智……这是内在涵养或修养的外在体现。林清玄曾经说过三流的化妆是脸上的化妆，二流的化妆是精神的化妆，一流的化妆是生命的化妆。多么形象的阐述。确实，精神和生命的化妆比脸上的化妆重要得多。善良、友爱、正直、诚实、勇敢、睿智……体现的是一个人的精神世界，是一个人从内到外散发出来的人格魅力。这样的气质，不是学来的，也不是用金钱买来的，而是经过读书的不断熏陶涵养得来的。

三毛曾经说过："读书多了，容颜自然改变。"腹有诗书气自华。一个人的气质、智慧、修养，往往跟长期、大量阅读是分不开的。在中国诗词大会中脱颖而出的武亦姝，一个来自上海的学生，虽然外表并不出众，但她在大众的眼里却是如此儒雅，散发出独特的人格魅力。书读多了，言谈举止都会潜移默化地被影响，让武亦姝显得更加有教养，更加有气质。多读书的孩子，总是让人感觉那么有魅力，言谈举止透露着自信，这种气质和魅力将会伴随孩子的一生。

（二）开启心智，培养健康情感

小学阶段，正是处于学生心智发育的关键阶段，此时，他们的情感世界相对单纯。我们往往发现，孩子在观看一段媒体视频、阅读一本书、听一些优美的诗歌朗诵时，会把自己置身在作品所呈现的美丽的景色中，产生丰富的情感体验。对于孩子来说，阅读是一个用自己的心灵去拥抱作品中的人物、故事、情景的过程。在阅读中他们的情感体验会跟随着主人公的情感变化而变化，在潜移默化中他们会慢慢形成道德情感、审美感知和意志力。优秀的图书正是孩子健康成长的心灵甘露，会让孩子的心智得到开启，情感更为细腻、更为丰富，在待人接物中也会变得更加稳重。

俗话说：孩子的脸六月天，说变就变。确实，孩子的情绪最难了解，也最难控制。一个不懂得控制情绪的人是很难获得成功的，培养孩子的阅读能力正是为了能够改变他们对情绪的控制，这不仅能帮助孩子调适情绪，还可以帮助孩子获得积极的情感，培养心理韧性以及解决问题的能力。

（三）滋养生命，促进个性发展

在上海的部分地铁站里，摆放有报刊架，便于来来往往的行人随手取阅，让阅读弥漫在行走的空间里。当我随手拿起一份报纸，书架上的标语"阅读改变人生"映入眼帘，再看看南来北往的行人，我不禁驻足沉思：这些行人中，有人可能因为发奋读书，而改变了自己的人生，成为社会的佼佼者，也成为自己命运的主宰者。作为一名语文教师，我有这样的一份情感，"阅读改变人生"要从孩子抓起，让阅读滋养孩子生命成长。

小学生正处于阅读的黄金时期，在这个时期，他们有时间、有精力、有兴致通过大量阅读，获取知识，增长见识，培育能力素养，滋养底气骨气，从而拥有丰富的精神世界和过硬的本领，给自己生命添彩，为自己一生的幸福奠基。阅读的过程，需要孩子静下心来去咀嚼、思考和体会，才能将知识化作他们生命成长的"血"和"肉"。这个过程，看似很枯燥，但只要坚持下来，孩子读过的书，学到的知识，提升的修养，就能让他们成为一个更好的、更有个性的人。

　　让我们一起点燃阅读那盏灯，给阅读留出一片专属的时空，为孩子播下一颗阅读的种子，让阅读成为孩子学习和生活最重要的方式，用阅读彩绘孩子美好的童年，让阅读伴随孩子快乐成长！

第三节

阅读是有方法的

阅读是一个人不能缺少的修养，阅读学习是需要讲究技巧和学习策略的。

曾国藩是近代史上有影响力的人物之一，后人深受其读书方法启发。相传有一天晚上，曾国藩在屋里背书，来了一个小偷躲在房顶上想等着曾国藩睡觉后就进屋偷点东西。没想到曾国藩背了一遍又一遍，背了好几个小时还是结结巴巴。一直到深夜时分，曾国藩还在坚持背书，小偷急了干脆进了屋，把这文章背了一遍，还数落曾国藩怎么这么笨，然后扬长而去。

曾国藩的确不是天资聪颖的人，但他是一个勤于学习的人。他给自己定的标准是：不读完一本书，不弄懂意思，绝不会读下一本书。这个读书方法伴随他一生。

让读书可以见成效，不是取决于读什么书，而是取决于怎样去阅读。真正有效的阅读，都是讲究方法的。读书的方法千千万万种，有的书看一遍就够了，有的书需要反复去阅读、推敲，还有的书需要用一辈子的心血去阅读。但不论读什么书，关键要选取最适合自己的方法。在许许多多读书方法中，我们比较推崇以下三种。

一、"三到"阅读法

"余尝谓，读书有三到，谓心到，眼到，口到。"朱熹的读书名言，千百年来一直被读书人所推崇。这里特别强调"眼、口、心"的高度统一和集中，达到专心致志。

（一）专心致志，注意力集中

读书要专心致志，要保持注意力高度集中。心神集中了，眼和口自然也会集中。

抛弃杂念，真心实意去读。读书应该是一件静下心来做的事情，静下心来才能摆脱浮躁，才能走进书中，达到"两耳不闻窗外事"的阅读境界，这样的阅读是最有收获的。专心致志的阅读，必须是抛弃杂念。这方面，毛主席为我们做出了榜样：为了练就在嘈杂的环境中静心阅读的本事，青年毛泽东曾经专门跑到熙熙攘攘的闹市去读书。毛主席之所以成为一代领袖，一定程度上归功于他的静心阅读，抛弃一切杂念，广泛涉猎，读深悟透。一个人如果不能静下心来阅读，那么读书也就没有味道，纵使文章意味深长也汲取不了丝毫精神养分。

边读边思，有所感悟去读。在这个快节奏的信息时代里，可以说有好多人的阅读是心浮气躁的，是漫无目的的，是一掠而过的。这种"摆拍式"的泛泛而读，是没有思考、没有感悟、没有收获的阅读。专心致志的阅读必须是静下心来，边读边思，边读边问，边读边悟。茅盾曾经说过："读死书是没有用的，要知道怎样用眼睛去观察，用脑子去想才行。"如果阅读的过程没有思考、没有感悟，那是不会收到良好的阅读效果。

持之以恒，摈弃三心二意去读。阅读如果"三天打鱼，两天晒网"，就想从中获得知识、培养智慧、熏陶心灵，那简直是天方夜谭。但凡有成就的人，都是在持之以恒的阅读习惯中累积知识，增长智慧，形成自己的思想和观点，提升自身的文化素养，同时也获得成长的幸福。古人云："锲而舍之，朽木不折；锲而不舍，金石可镂。"阅读也是同样的道理，日日读，日日新。唯有持之以恒地阅读，才能享受阅读的幸福、甜蜜和美好。

（二）眼到口到，多感官协同

真正的阅读，不仅是眼到、口到、心到，更是身体多感官的协同合一，边看边诵读，边读边思考，边诵边感悟。这样，阅读效果才会倍增。

定睛会神，细嚼慢咽读。阅读的第一步是用眼睛看，务必要仔细，要做到见微知著，要追求精益求精。阅读时，眼睛不能随便扫过、草率跳过，要把每个字都看清楚、读正确，要把每句话都读通顺；阅读要定睛会神，不能分心，要把视线聚焦在书本的内容上，要养成细心不浮躁的好习惯；阅读要细嚼慢咽，切莫囫囵吞枣、一目十行。尤其是对好文美文，或是喜欢的作品，更需要逐字逐句理解文字的意思，读懂作者所要表达的观点和情感。

阅到"好"处，大声读。古代在私塾念书的孩子们，摇头晃脑跟着先生读书，不仅会发出琅琅的读书声，还会把念过的东西背出来。背过的东西，尤其是小时候背过的东西，会长久印刻在你的脑子里。口到，有时还可以放声读、尽情读，如此这般才能读出韵味来。当我们读到书中精彩之处，会忍不住放声读出来，甚至背下来，背得滚瓜烂熟，烂熟于心。大声读书，尤其是对于韵味十足的诗词歌赋来说，显得尤为重要。

眼口合一，多感官协同。阅读，需要转化书中的知识。因此，阅读时除了眼到、口到外，还必须是多种感官的协同。最好的阅读方式应该是眼、脑、心、耳、口、手等器官的协同进行。我们可以通过聆听有声阅读作品、听他人朗读、自己反复有感情的朗读来体会作品带来的美好，也可以用嗅觉去体会、用触觉去感悟、用大脑去思考文字带给你的美好情绪。在阅读时，我们所调动的感官系统越多越有利于阅读知识的转化，越能把学到的知识转化为自己的智慧。

（三）书读百遍，好书不厌百回读

古人读书，追求读书百遍。一个热爱读书的人，每读一遍必有所悟，读出另一番情趣。

读通读熟，其义自见。读书百遍的"百"字，就是指反复读，做到熟读成诵，才能体会到作者所表达的思想情感。丰子恺说："读书贵重复，好书不厌百回读。"丰子恺读书有一个习惯，每读完一个章节，总是要把前面两个部分再复习一遍。正因为这样一丝不苟、不厌其烦地重温旧知，丰子恺取得了非凡成就。丰子恺的"重复读书法"启示我们只有反复阅读，才能领会书中的深刻意义，才会对自己的人生有所启发，才会促进自身的发展。阅读时，尤其是阅读好书、经典书，我们更要用上"重复读书法"，才能咀嚼出好书的味道和美好。

百读不厌，常读常新。这既是一种阅读方法，也是一种阅读作风。凡是把一本书读一百遍，并在反复阅读中不断思考和领悟的人，没有一个人不成大器的。古今中外的名著佳作，数不胜数，每一篇经典好文都需要重复阅读，常读常新。比如，中国的四大名著，鲁迅的作品，托尔斯泰的《复活》《安娜·卡列尼娜》等。

多读多思，下笔有神。读书破万卷，注重的就是"读破"。"读破"不仅要把书读熟，还要注重在"消化"上下功夫。"消化"的过程就是一个多读、多思、多悟的过程。在阅读中，我们不仅要知道作者写了什么，还要弄明白作者怎么写的，搞清楚作者为什么这样写，深入理解作者的思想感情，揣摩作者的写作技巧，吸收作者的语言。这样，做到读与思结合，读与写结合，写与思结合，自然就会有感而发，有东西可写。如果没有这个"破"字，只是读书万卷，恐怕杜甫也未必会成为"下笔如有神"的诗圣。

二、不动笔墨不读书

教育家徐特立在教导孙女读书时说："不动笔墨不读书。"这是阅读学习的一种好方法，强调阅读时要养成勤记笔记、勤做批注和勤于练笔的好习惯。

（一）勤做摘记

许多人都喜欢读书，可是读完书后往往有一种"书到用时方恨少"的困境，这与没有养成勤做摘记的习惯是有关系的。

养成摘记好习惯。但凡真正读书人都有做摘记的好习惯，因为"好记性不如烂笔头"。梁启超在《治国学杂话》中也说："抄录或笔记……这种工作，笨是笨了点，苦是苦极了，但真正做学问的人，总离不了这条路。"确实，只有在读书的时候勤做摘记，才算是有效地读完了一本书。因此，做摘记不仅是提高阅读效率最好的办法，也是一种终身学习能力的体现。

摘记是有方法的。阅读是一种习惯，摘记是丰富自己知识的一种手段。阅读时，我们可以准备一本摘记本或一张摘记卡，分门别类地摘抄自己喜欢的好词佳句、富有哲理的语句、精美片段等；也可以找出作品中的提纲内容，记录下来，弄清楚文章的主要内容和写作思路。阅读之后，还可以通过体会式笔记表达自己的想法，要写出真情实感来。这样，日积月累、聚沙成塔，逐步建立自己的"摘记仓库"，实现随用随取。

灵活运用摘记内容。如果把做好的读书摘记本束之高阁，只是为了摘记而摘记，那么其价值也就不复存在。因此，我们还要养成勤看、勤读摘记本的习惯，因为摘记本里有我们日常摘抄的精华和体会，对其消化才能加深理解。另外，我们在重读摘记本时，还要学会把摘记信息进行梳理，重新组合与比对，再次审视自己的观点，建立起系统的知识体系，激发出更好的创意，让自己的读书摘记本更有价值。

（二）学会批注

做批注是提升阅读理解的重要途径，也能留下个性化阅读的痕迹。能在阅读过程中写批注的人，是带着头脑读书的人。养成写批注习惯的人会拥有一笔珍贵的精神宝藏。

圈点勾画是阅读理解的基础。一边阅读一边圈点勾画是一种很好的读书方法。在初读作品时，我们一边阅读一边动笔，圈点勾画，标出重要的词句和段落，画出感兴趣的和精彩的语段，标记不懂的或疑惑的地方。初知作者思路，初识文章框架，了解大概内容，留下阅读的痕迹，这是读懂、读精、读深、读透的重要基础。当然，圈点批注不是随心所欲，也不是满篇都画，而是按照规定的符号进行，要让自己和别人都看得懂。

边阅读边批注让思维可见。批注，是读者与作品进行深度对话的过程，是读者品评、鉴赏、存疑的痕迹，也是读者吸收、存贮、加工的一个思维过程，是一种较高层次的阅读方法。阅读批注时一定要在反复阅读、认真思考、比较分析、揣摩体味后进行，着落于对重点和精彩片段的所思所感，在不懂的或疑惑的地方写上自己的看法，让自己的思维可展现、可触摸。同时，批注还要体现一种敢于批判的精神。

让个性批注转化为语文素养。阅读时，经常给文章圈点批注，会有益于我们语文素养的提升。林语堂先生说："读书须有胆识，有眼光，有毅力。读书全部之主旨，读出自己性灵来。"当你养成阅读批注习惯时，你就学会了把思考融入阅读，敢于提出自己独特的感受、体验和理解，多角度、多层次地发现问题、思考问题，提出不同的见解，并把这些所思所感记录下来。此时，你会发现你的圈点批注也是一篇绝妙的作品。长期坚持下去，不仅提高了阅读、写作和口语表达能力，还会整体提升自己的人文素养。

（三）阅读练笔

"不动笔墨不读书"除了要勤做摘记、学会批注外，还有一个重要的动笔习惯，那就是通过练笔写作，以读带写，以写促读，读写相依，相得益彰。

以读带写。阅读是积累的过程，写作是理解和运用的结合，这是彼此交融的。因此，在阅读中，我们要渗透写作训练，可以抓住精彩片段，进行仿写小练笔；也可以在作品结尾意犹未尽、耐人寻味处，进行想象续写；还可以在展示人物品格时，进行心理活动补白等。当然，以读带写的练笔形式还有不少，扩写、缩写、改编，还有写下自己的读书感悟和体会。以读带写，读写结合，这是提高自身写作水平的一条快捷通道。

以写促读。"光说不练假把式"那是绝对不能达到"下笔如有神"的境界的，只有勤写勤动笔，才能明白"书到用时方恨少"的道理。"以写促读"就是通过写作练笔来撬动阅读内驱力，提高阅读能力。在日常写作中，我们经常会遇到字尽词穷的困惑，思维也会受阻，此时，就能进一步激发强烈的求知欲，持续拓展阅读，汲取新知识，弥补能力上的不足，真正尝到"为有源头活水来"的甜头。以写促读能让我们的阅读之趣更浓郁，阅读之域更广博。

多读多写。好的文笔不是一下子就会涌现的，需要长期的坚持和积累，这就需要我们多读多写。多读书可以使我们学到众多的表达手法，汲取更为鲜活的语言，让我们博采众长；多练笔可以使我们的思维更加敏捷、更加活跃，不断提高我们的语言表达能力和运用能力。"常常做，不怕千难万阻；日日行，不怕千山万水。"这句话告知我们阅读需要多读多写，勤写勤练，反复推敲，才能摆脱不愿写、不想写、不会写的窘境，练出好的文笔，写出好的文章。

三、"博专并举"读书法

胡适先生说："理想中的学者，既能博大，又能精深。"当今，知识体系不断迭代更新，阅读也需要与时俱进。因此，我们阅读学习追求第一要"博"，第二要"精"，第三要"新"。

（一）书要读得博

博览，不是乱看，而是要挑好书看，在层层叠叠的书山之中寻找良师益友；博览，不仅是数量之"多"，更是品种之"杂"，需要我们广泛阅读，多读杂书，才能丰盈自己的精神世界，扩大知识面。

多读感兴趣的书。阅读从哪里下手？自然是从自己感兴趣的书籍读起。有了兴趣才会有阅读的内驱力，才会愿意读下去，坚持读下去。热爱文学的，多看文学小说；喜欢推理的，多看侦探小说。诸如此类，多读感兴趣的书，提升阅读兴趣，养成阅读习惯，保持阅读的愉悦感。

多读点历史书。历史就像一面镜子，读史可以借鉴，读史更有智慧，读史还能打开眼界、提升格局。尤其是少年读史，更能颐养浩然正气。我们要多读点历史书，中外古今都可以，史书读得越多，见识越广，越能拥有深刻的审慎之力，把握更好的明天。

多读点哲学名著。哲学是社会意识形态之一，是关于世界观的学说。少年儿童多读哲学经典会懂得为人处世的基本原则，会分清是是非非，辨别事物本质，明确人生的目标。

多读点杂书。杂书不杂，杂书也不闲，小说、诗歌、戏剧、杂记、随笔等，都能给予我们阅读的乐趣。阅读各种各样的书可以广泛汲取知识，拓宽眼界，也可以在不经意间触碰别人可能接触不到的领域，使你变得更有智慧。

多读不同作家的书。鲁迅的文章辛辣干脆；老舍的文章淳朴幽默，俗而能雅，清浅中有韵味；契诃夫的文章擅长以小见大……阅读不同作家的书籍就像我们在不同的世界穿行，获得别样的阅读滋味。

（二）书要读得精

读书要先博后约，由博返约，精挑细选，择精而读，追求深度。读书要"贵在精"，就是说阅读学习不要只着眼于数量，还要进行高质量的精读。

书要选得精。古今中外优秀经典名著有很多，每本书都读那是不可能的，想有所得所悟的阅读唯有精选。读书须有选择，有利于沉淀身心、滋养心灵。向上向善的书，应当常读，这将增加生活的快乐指数。屠格涅夫说："不要读信手拈来的书，而是要严格加以挑选。"如何挑选呢？首先肯定是自己想看的，令自己好奇的书，让自己有坚持读下去的动力；其次要选择有着正确的价值观和主题思想的书，这样可以少走读"烂"书的弯路；再次要结合自身需求从实际出发选择对自己有用的书，这样才能助力自己发展；最后也可以选择书评、身边成功人士推荐的"口碑"之书。"选书有专攻"，选一本对自身比较实用的、有价值的书会助力你的专业发展，会滋养你的内心需求，会让你更好地去了解这个世界。

书要读得透。读书就要读透，读透才能获得真知。当要读一本你所喜欢、对你有用、有价值的书时，你就要集中注意力，专心致志地读，咬文嚼字静心阅读，批注圈画带着思考去读，读明白书中的道理，搞清楚阅读中的疑惑，滚瓜烂熟读"破"此书，写下心得吸收其精华，使之落地生根。即使放下书本，品茗听雨，放松休息，胸中仍有一股醇香的书味在，这样的读书才有味道。读书要读透，还有另外一层意思，就是书要读"活"，还要会"用"。读书再多、再细、再精，读而不"活"也难说"读透"。读书的最终目的，还是要会"用"，要落实到自己的学习、生活之中，指导自己的生命行为，这才是真正的"读透"。

书要一本一本读。饭要一口一口吃，路要一步一步走，书要一本一本读。读书要有"严肃"的姿态，需要专心致志，聚精会神，切忌这本读几页，又去读那本，随便翻翻一目十行，前面的内容还没记住、嚼碎、消化，又来读第二本，这样会造成严重的"消化不良"，会"厌食"。坚持一本书不看完，不会看另一本书。这样的读书，才会获得知识的力量和读书的乐趣。

（三）书要读得新

阅读是一件古老的事情，但也要应时而变。时代在发展，知识在更新。我们要紧跟新时代的步伐，把握新时代的节奏，把书读新、读鲜、读活。

阅读新内容。当今，知识每天都在更新，人生很长，需要边走边读、边读边学。旧知识终究用不了一辈子，一天不阅读就会落后，天天不阅读终将面临被社会淘汰。随着时代的发展，知识领域也在不断地拓展新内容，如信息科技、航天科技、星际探索、心理咨询……当然，也包括新时代新思想、新时代劳模故事、反映祖国发展巨变的相关内容。读书，能不断地帮你更新知识，丰富你的精神世界，助力你在新旅途上不断前行。

阅读新载体。随着数字载体的发展和数字资源的飞速增长，知识呈现的方式越来越多。阅读不再仅仅局限于以纸质为媒介的书籍形式，数字阅读的出现在一定程度上满足了人们对于快捷阅读、多元阅读的需求。文字、图画、视频、音频等，增强了读者与阅读媒介的互动性，正逐渐成为人们阅读的新方式。

阅读新形式。传统的阅读方式一般是以个体为主，新时代的阅读提出了共读理念。亲子阅读，父母与孩子共同阅读学习，一同成长；读书会阅读，一群人构建多元化学习方式，拓宽孩子们的视野；还有以"动态"为主的阅读形式,如戏剧表演阅读、主题行走阅读、项目化学习阅读、综合主题阅读等。在阅读新方法的带动下,孩子激活兴趣,拓宽视野,用阅读丈量世界,获得别样的收获。

第二章

阅读可以这样灵动

　　阅读是人类进一步认识世界的重要途径，通过阅读可以增长知识，感悟生命的真谛。然而，阅读并不只是单调地翻阅书籍，它可以非常灵动。对于孩子来说，"灵动"就是用创意的方式，充分调动各种感官去阅读，从而与文学作品产生情感共鸣。

　　眼睛——不断在文本中找线索，进行有趣的推测。推测之后结合文本内容和生活经验进行验证，无论推测是否和原文相符，都能在验证过程中获得乐趣。

　　耳朵——通过有声阅读，不断让文字中流淌的音律美印刻在脑海中，同时获得情感的熏陶和浸润。

　　嘴巴——在阅读中不断提出问题，并尝试根据上下文找出关联和答案，最后有理有据地进行表达，这个过程就是阅读思维的培养过程。

　　鼻子——用灵敏的嗅觉，发现最重要的细节和最关键的情节，在确立关键信息的过程中培养语感。

　　手——DIY阅读手账本，把文本信息组织、归纳起来，得出结论，结构化、可视化地体现阅读的思维过程。

　　脚——立足自己的生活，把文本和自己的生活建立联系，加深对作品主题的理解。

　　大脑——一边读一边想象自己看到的、听到的、闻到的、尝到的……

　　总之，阅读可以是生动有趣的，也可以是发人深省的，用多样化的阅读方式会让阅读更具生命力、趣味性、创造性和实践性，让阅读成为一种享受。

第一节

阅读：有玩有趣

- -

如果说，幼儿园阶段的阅读，是从绘本入手，以大人讲，小朋友边听边看插图为主，那么进入小学一、二年级后，孩子的阅读方式会更丰富一些。一、二年级是幼儿向儿童的过渡期，因此，所有低年级阅读活动的设计，应该紧紧围绕"趣"字展开。无论是识字、读文，还是故事续编，都应该用儿童所喜欢的方式来打开，去深深吸引孩子，让每一个孩子全身心地沉浸于阅读，感受阅读的快乐。

如何让孩子沉浸于阅读？学校精心设计了小学低年级阅读活动，以"趣玩阅读"命名，旨在让孩子在游戏活动中体验阅读的乐趣，培养良好的阅读习惯。"趣玩阅读"是孩子最易接受、最想进入、最爱投入的阅读活动。

一、趣玩汉字

每一个汉字的背后都藏着有趣的故事，在认字阶段，不仅仅要让孩子认识这个字，会写、会默这个字，更关注的是如何引导孩子去探索这些字的字源和字理。这样追根溯源式的学习，既把枯燥乏味的识字变为生动有趣的探索与研究，又帮助孩子掌握字形，理解字义。

（一）图形结合猜汉字

"是鸟，是鸟，是鸟字……"教室里又是一阵欢呼。我知道，此时是孩子们最为高兴的时刻，他们正在玩看图猜字游戏呢。

中国的汉字博大精深，一笔一画都充满了灵性。当孩子在课内学习了《日月水火》一课中的象形识字后，对汉字的图、形和背后的故事产生了浓厚的兴趣。他们会指着一个汉字问老师："老师，这个'鱼'字又有什么故事呀？我知道这一点表示鱼的眼睛。"他们也会找同学一起玩猜汉字比赛，或是安静地坐在座位上照着字形在纸上画出汉字的图形。

如何让孩子保持这份认字、识字的学习激情，在游戏中轻松识字、趣味识字、明字理、开智慧呢？我们追根溯源，抓住汉字起源的本质，开展一系列游戏活动。

看看图形 ⺥，猜猜 🈁 是什么字？

看看图形 🈁，找找 🈁 藏着的是什么字？

看看象形文字视频故事，你能找出几个象形字？

当孩子猜出或找出汉字后，让他们说一说汉字和画面的相似之处，听一听汉字背后蕴藏的故事。诸如此类猜字游戏，能激发孩子们的识字智慧。

"藏在扑克牌里的汉字游戏"是学校每一个孩子喜闻乐见的识字途径。语文教师团队根据造字规律，设计了一套图文并茂的汉字卡片，卡片的正面或是图片，或是字理，卡片的反面是楷体汉字，五十四张为一盒。孩子们会在课间、午间，或在语文课上拿着卡片，三五成群地玩起来。

叮铃铃，"趣玩汉字"午会课开始了。孩子们迅速六人围成一个圈组成一个小组。游戏开始，每个小朋友轮流抽取九张扑克，依次出牌，每人出一张，正面朝上；然后猜字，谁先拍手，谁就第一个发言，在六张牌中任取一张纸牌，说出反面的汉字，并说说猜出这个字的理由，说对了、说清楚了，这张卡片就归他，说不上来，就不得牌。第一个小朋友猜字完毕，接着第二、第三个孩子，按顺时针依次猜字。最终，以得牌数多者为胜者。

兴趣盎然的识字游戏，激发了孩子的识字热情，增强了孩子的识字能力，孩子的识字量也迅速提高。孩子积累的汉字越多，了解的传统文化知识也越多。游戏无形中打开了阅读的闸门。

（二）儿歌、故事说汉字

儿歌、故事语言浅显易懂是低年龄孩子最喜爱的阅读材料，也是进行启蒙阅读的语言载体。儿歌，节奏明快，朗朗上口；故事，简短有趣，易记易讲。

课文中的识字儿歌就是最好的引子，孩子在富有音律节奏的反复吟诵中识记生字，感受识字的快乐。

一个大，一个小，一头黄牛一只猫。

一边多，一边少，一群鸭子一只鸟。

一个大，一个小，一个苹果一颗枣。

一边多，一边少，一堆杏子一个桃。

《大小多少》识字儿歌短短四句，几乎包含整篇课文的生字，且读来不枯燥，很快就能记住。

形近字儿歌、音近字儿歌、部首儿歌、笔画儿歌等，让识字儿歌富有趣味和吸引力，将枯燥的识字变成有趣的学习。

在儿歌识字中，我们鼓励孩子进行儿歌创编、讲讲故事，根据字形特点编写识字歌、讲述汉字故事。例如：

学习数字"七"时，孩子根据字形编道："十字尾巴弯又弯，数数比十少了三"。

"我也会编儿歌，'禾苗'的'禾'字，一撇写在木字头，田野一片绿油油。"

"我也会，我也会，一个口字有点扁，一支铅笔穿在口中间，这是'中'字。"

"我看到了一首儿歌，读给你们听：'左边一个太阳，右边一个月亮。太阳遇见月亮，天地更加明亮。猜猜这是什么字？'"

"还有还有，我在图书角的书本里，翻到了一个'森'字，谁能根据这个字编首儿歌？"

笑声让整个教室热闹起来。

虽然孩子们编的儿歌比较稚嫩，却打开了他们思维阅读的天窗，让他们慢慢品尝到阅读的甜味，从图形到儿歌再到一个个故事的阅读，让他们一步步体会到汉字的奇妙。其中带来的欢乐也促使孩子们更积极配合、主动地投入到阅读中去。

（三）接龙游戏玩汉字

"汉字接龙要开始咯。"话音未落，"火车头"蓄势待发，机灵的楠楠举起手中的字卡，"我有里，谁有外？""我有外，谁有前？""我有前，谁有上？""我有上，谁有下？""我有下，谁有高？""我有高，谁有低？""哈哈哈哈……"

汉字接龙游戏热火朝天地进行着，孩子们个个兴趣盎然。老师根据课内的识字表和班级图书角中常见的生字制成了一张张字卡，有近义词、反义词卡片，有成语词卡，还有歇后语、谚语、俚语以及古诗词等词卡。每到周五的阅读课，老师随机发给每个学生一张词卡，在计时器的铃声中，孩子们一个接着一个举起卡片，玩起接龙游戏来。

接龙游戏是中华民族的传统文字游戏，是老少皆宜的民间文化娱乐活动。它简单易学，有趣又紧张，也是孩子们学习汉字、丰富词汇的有效手段。在识字过程中，我们把接龙游戏运用到课内课外，让孩子们在有趣的语言实践活动中学习汉字。

这样的猜字接龙游戏还有很多，如：

看图猜字接龙。一个接一个说出自己根据看到的图 ♌ 所猜的字，直到说出接近的字或者准确的字。

儿歌猜字接龙。学生甲："'耳朵长，尾巴短。只吃菜，不吃饭。'猜猜这首儿歌告诉我们什么字？"学生乙："这首儿歌告诉我们的是'兔'字。"

每一轮接龙游戏后，都会产生一名班级擂主，这名班级擂主将代表本班参加年级接龙大赛，直至产生年级擂主。

这样的"趣玩汉字"活动，在我们的校园已经成为一年级学生认字识字、了解汉字文化渊源的一道风景线。孩子们聚集在一起开展趣味识字、游戏识字活动，不仅增加了识字量，更夯实了启蒙阅读的基础。

二、趣读绘本

绘本是低年级孩子早期阅读的主要媒介和重要材料，也是向中高年级纯文字书籍和资料阅读过渡的"桥梁"。我们向来重视在低年级学生中开展绘本阅读，将他们带入轻松阅读的快乐之旅，并将阅读的兴趣和习惯种在孩子的心中。

（一）走廊上的绘本封面墙

绘本就是用图画和文字共同叙述的书籍，深受低龄段孩子的喜欢。绘本中的图画精美，能形象地表达文字的意思，符合孩子的认知特点。绘本的封面更是色彩鲜艳、构图优美，不论是儿童还是成人都爱不释手。为了引导孩子阅读绘本，我们利用教室外走廊空间，构筑了一面面绘本封面墙，把有趣的经典绘本封面张贴在墙上，写上一句简短的故事介绍，试图引起孩子们对阅读的兴趣。

"三八"妇女节到了，为了感恩母爱，献给妈妈一份特别的礼物，我们设计了"最美的妈妈"绘本封面阅读墙，有《我妈妈》《改变世界的女性》《居里夫人的故事》……这些绘本都是围绕女性话题，传递"爱妈妈"的教育。一张张绘本封面，深深地吸引着孩子们。这样的绘本封面推荐通常一个月更换一次。孩子们在课间休息、午休，或者是放学以后，都会在绘本封面墙前驻足阅读，看到自己喜欢的绘本，或跑到图书馆去借阅，或在 App 中阅读数字读本。

阅读绘本从封面开始。我们不仅通过封面墙的打造吸引孩子们对绘本阅读的兴趣，也从封面的图画，引导孩子们提出问题，继而进行深入感知。例如，孩子们看了绘本《图书馆狮子》封面会提出许多问题：图书馆怎么会有狮子呢？狮子能看懂图画书吗？图书馆的人不怕吗？狮子在图书馆里会发生什么故事呢？一个一个的问题接踵而来，孩子们也带着一个一个问题进入绘本阅读。

（二）绘本走进手工课

今天的美术课孩子们可高兴啦！老师和孩子们一起阅读了《迎中秋》的绘本，了解了中秋节的来历以及各种与中秋有关的故事。随后，老师给每个孩子发放了不同色彩的超轻黏土，并告诉孩子们："中秋节马上就要到了，我们一起来制作中秋月饼带回家，给爸爸、妈妈送上我们的中秋祝福。"默默特别喜欢做手工，她用彩泥做了一个大大的、圆圆的月饼，并在月饼上刻上了"团圆"两字；倪妮用不同色彩的彩泥，做了一个五角形的月饼；琳琳做了双层月饼……孩子们受到绘本启发，发挥想象，制作了一枚枚精致的"月饼"。

低年级的孩子最喜欢的还是动动小手，做做手工，可以说美术手工创意是他们的最爱。随着新课改的推进，课程融合的教学在学校逐步开展，我们借助跨学科主题教学，让绘本阅读走进美术课堂，让孩子们将阅读和手工结合，体验有趣味的绘本阅读。

当孩子们读完绘本《二十四节气故事》，他们会按照读过的节气顺序，做成一本本"二十四节气"口袋书：万物复苏的立春景象，田间繁忙的芒种故事，遍地冷霜的寒露照片……课间、午间，小作者们忙着推介自己的作品，他们热情介绍的模样，令人欣喜，让人感受到阅读带给孩子们的收获与快乐。

绘本走进手工课，让孩子们在阅读中发现自己，在动手中感受乐趣。

（三）绘本故事我来演

绘本故事情节精彩，孩子们看完后，总会有意无意地把绘本中自己感兴趣的人物或动物的语言和行为在生活中表现出来。此时，我们会抓住孩子们爱表现的行为特点，创建绘本角色表演的空间，让孩子们边读边演，与绘本中的人物进行对话，拓展绘本阅读活动，使他们在表演中加深对绘本的理解，提升对绘本阅读的兴趣。

一只大蚂蚁说："要下雨了，我们正忙着搬东西呢！"

小白兔加快步子往家跑。他一边跑一边喊："妈妈，妈妈，要下雨了！"

孩子们将自己代入动物角色，在舞台上大声地朗读人物的"台词"，体会人物的情感和语气。这种展示让他们把可视化的语言文字转化为立体化的声音，孩子的阅读兴趣一下子就被调动起来。

"老爷爷"双手张开想要抱住萝卜，开心的他，眼睛都眯成一条缝。"这萝卜可真大啊，我得赶紧拔起它，回家做成好吃的萝卜饼。""老爷爷是小馋猫，哈哈哈哈……"只见台上的"老爷爷"一把拉住萝卜叶子，"嗨哟嗨哟"使起劲来，结果摔了个屁股墩。

这是我们周五戏剧课上表演的一个片段，尽管孩子们的表演还很稚嫩，不是那么尽善尽美，但是将阅读的内容进行再加工，活灵活现地演出来，是孩子们的一次美好尝试，推动着他们在阅读的道路上走得更远。

（四）带着绘本走进生活

阅读，带着我们丈量这个世界，让我们看得更远，让成长更有力量，绘本阅读也是如此。当孩子们在阅读绘本的时候，我们借助绘本带着孩子们进入身边的大自然，去探索真实的世界，去拓宽孩子们的视野，延展孩子们生命的广度和宽度，让阅读真正生根发芽。

冬天，正是大雪纷飞的季节，老师指导孩子们阅读绘本《雪人》。当孩子们读完绘本后，老师就带着他们走到大自然中，去寻找雪人。

孩子们快速跑向外面，伸出双手接住雪花，仔细观察晶莹美丽的雪花。

孩子们一起堆着雪人，一边把雪人肚子往前凸起，一边笑盈盈地说："雪人大肚子一挺，他顽皮地说：'我就是冬天。'"

"你知道为什么雪人最后消失了？"

"我们能不能把雪人留下？"

"可以呀，我们可以把雪人画下来，我们也可以用照相机把雪人拍下来，我们还可以用笔把雪人的故事写下来。"

说着，孩子们就用自己喜欢的方式把雪人留在自己的身边。

与大自然美丽的邂逅永远留在孩子们的心底，给记忆涂上了温暖的底色。

孩子们读完《叶子先生》后，就去大自然寻找不同的落叶，进行落叶的探究；读完《落叶跳舞》后，就把落叶组合在一起，像书中一样，画出丰富的表情，摆出独特的造型。阅读绘本的趣味十足，或看、或读、或画、或演、或做手工，这些都是亲近绘本的通道，让孩子们轻松愉悦地爱上阅读，慢慢养成良好的阅读习惯。

三、悦读乐玩

良好的阅读习惯不是一朝一夕养成的，需要一个持久的过程。很多时候我们不能坚持去做一件事，就是因为我们看不到自己的积累和努力的成果。在玩中学，在做中学，把游戏的元素融入阅读，那么形式上是游戏，实质上是阅读和学习。这样，孩子们就容易坚持下来。假如我们把游戏里的奖励借鉴到阅读中去，又会怎样呢？

（一）我和书本比高高

成长期的孩子最喜欢和大人比高高，天天盼望着自己快快长大。我们抓住孩子的这种心理，开展了"我和书本比高高"的阅读游戏，鼓励孩子自主阅读，爱上阅读。

班级里，"我和阅读墙比高高"活动又开始啦！你瞧，小柯满脸欣喜地从老师那儿领了一张"魔力卡"，在"魔力卡"上认真地写上了:《小猪稀里糊涂》——梅子涵。然后贴在"阅读墙"自己的姓名栏内，并自豪地数了数，"3本啦！"本月小柯获得了"我和阅读墙比高高"的冠军。

"今天你读书了吗？"这句话已经成为孩子们之间常用的问候语。我们不仅在班级墙上设立"我和阅读墙比高高"的读书游戏活动，还推出"我和家里的藏书比身高""我和读过的书籍比身高"读书游戏活动。

"和家里的藏书比身高"后，有些孩子发现他家的藏书比他长得高说明他看的书还不多，他要一本一本去读；也有些孩子发现，虽然他的身高超过了家里的藏书，但是家里的书并不多，他要多买一些喜欢的、有用的书籍，多看看书，增长知识。

"和读过的书籍比身高"后，孩子们发现虽然今天他读的书不比他高，但相信明天的书高会迅速超过他的身高，甚至是几倍。

除了这些活动，老师还在班级里开展读书交流会。通过分享交流，孩子们对阅读的欲望更强，阅读也就更努力。

"我和书本比高高"游戏，虽然简单，但效果明显。"让我们与书相伴"的种子在孩子的心底生根，主动阅读的良好习惯在孩子们身上渐渐养成。

（二）我为经典来配音

孩子们爱看经典的影视作品，如绘本故事电影、动画故事影片，尤其喜欢看红色革命小英雄的电影。学校为此开展了"我为经典来配音"的活动，走进孩子的内心世界，让他们用"声临其境"的方式来阅读。

我是二（3）班的小坤，我妈妈特别喜欢看电影，她的兴趣也感染了我。平时，我爱看历史故事和红色经典影片。在电影中，我感受到中华民族的伟大，祖国文化的悠久。《小兵张嘎》是我比较喜欢的一部电影，我看到了一个少年是怎么成长为一名真正勇敢的战士。所以，这次"我为经典来配音"活动，我就选择了这部电影。下面是我为《小兵张嘎》片段配音的影像，请大家欣赏。我也希望未来我能像张嘎一样，成为一个对社会有用的人。

学生根据自己的喜好，分别选择电影进行配音。孩子们在配音的过程中，通过阅读原文，观看影片，不断地揣摩人物的性格、语言、神态和行动，不断练习，对上口型，让人物性格和故事情节在配音中得到完美的表现。

除了给经典电影配音，老师和学生还给经典课文配音。孩子们正式配音之前会一遍又一遍地对着镜子练习，在父母引导下理解教材文本。

（三）我是最佳小读者

"老师，我看完了《三毛流浪记》，想重新画个封面。""老师，我想给看过的《植物日记》做个书签。""老师，我想给大家分享一下我看过的书。"

班级里正在评选"最佳小读者"，孩子们用自己的特长来展示阅读的成果。有的孩子给喜欢的书画个封面，有的孩子给书中人物故事做了一张主要人物的阅读折页卡，还有的孩子进行诵读表演。为了获评"最佳小读者"，孩子们可是尽力展示自己的拿手好戏。

这是曦曦为《三毛流浪记》绘制的封面（见图2-1）。画面的下方是三毛在巷子里睡觉，他盖着破被子，脸上挂着泪水，想到白天遭受的打骂，他难过不已。饥肠辘辘的他好不容易睡着，他梦到自己在一个温暖的房子里，妈妈给他准备了香喷喷的饭菜。他在妈妈的怀抱里感到很幸福，再也不会被人欺负了。三毛的梦是一个"光明世界"。

图2-1 《三毛流浪记》自绘封面

"三毛"这一经典人物在几代人心中留下了不可磨灭的印象，其形象和历史背景具有强烈的感召力。曦曦同学喜欢读这本书，在读中思考，并画出自己的感悟，梦中的光明世界和现实的黑暗形成反差，教育我们要珍惜现在的美好生活。

　　看过《小鹿斑比》的楠楠，用故事讲述的形式和大家分享了他的收获。这是他读完的第一本长篇小说。看到小鹿从身体虚弱，凡事依赖妈妈，到学会了独立，变得强壮，还能保护他人，成为当之无愧的鹿王，这些变化令他激动，他说斑比是他学习的榜样。

　　孩子们在阅读中发现美，同时不知不觉地受到感染，并将蕴藏其中的精神力量浸润到自己的心灵中，进而用自己喜欢的方式展示出来，阅读的快乐让生命得到了茁壮的成长。

第二节

阅读：言之声与心之声

- -

我很喜欢看董卿主持的一档阅读类节目《朗读者》，节目每期设置一个主题，由每位嘉宾朗读一段文字。朗读者来自各个行业，朗读内容丰富多彩，他们用声音的魅力展现最美的情感。每一次观看，对我来说都是一次心灵的涤荡。那唯美的声音，让我在感悟朗读者带给我们美好情感的同时，也提升了我对朗读的浓厚兴趣。

朗读是一种有声的语言艺术，声音、文字、情感和思维交融，是滋润孩子心灵的阅读实践活动。古人云："读书百遍，其义自见。"朗读一直是学习语文的最好方法之一，正如教育家叶圣陶曾说过："多读作品，多训练语感，必将能驾驭文字。"[1]

但如今，有不少教师忽视了朗读教学这一环节。在语文课堂上，往往用无声的阅读答题代替了诵读。课外，儿童报刊上充斥着大量的课课练和周周测，家长喜欢买成套教辅材料，学生缺少了纯粹的阅读，缺少了放声朗读，导致他们不喜欢读书、不会读书，有的甚至害怕读书。校园里没有琅琅的读

---

[1] 罗耀晟.重视对学生语感的培养[J].黑河教育，2009（6）：23.

书声，那是一件非常伤悲的事情。我不希望我的课堂是这样，我更不希望我的学生对阅读失去浓厚的兴趣。我总认为：校园里最美的声音是孩子们的读书声，那是最具生长力的"拔节声"。

一、读书有声就有美

（一）语言是有声的艺术

小时候，我最爱干的一件事，就是坐在 12 寸黑白电视机前收看少儿节目《燕子姐姐讲故事》，燕子姐姐的声音是我童年里听过的最美的声音。燕子姐姐讲故事，用甜美清亮的声音伴随我快乐成长，用有声的语言艺术点亮了我童年的时光。从此，我就被她的声音迷住了，我也试着用声音去朗读，用声音去传递语言文字所蕴含的意境之美。现在身为师者的我，更能感受到"有声语言"特有的艺术魅力。

古人读书，强调"口诵心惟"。"诵"绝不是简单地发出声音，而是蕴含着读者丰富的情感活动。"口诵心惟"，边读边思，在认知文字、感受声律、体味词句、领会情感、品味意境、发展语感的艺术实践活动中，达到有声有色、韵味悠长的效果。

在教一年级学生时，我会要求孩子每次读书都要做到"身坐正，脚放平，左手压，右手指，字字过目认真读"。这样，小朋友就可以把"口、手、心"统一起来，用手指着书本，用口读准内容，用心感受情感。

有一次，我们一起读《小小的船》这篇课文，"弯弯的月儿小小的船，小小的船儿两头尖。我在小小的船里坐，只看见闪闪的星星蓝蓝的天。"孩子们边读边画出了儿歌中的停顿，画完之后，再指读一遍，他们一个个坐姿端正，指着书大声读了起来。读着读着，我发现大家越读越有节奏感，这首儿歌里蕴含的意思也在大家一遍又一遍的朗读中逐渐显现。"书读百遍，其义自见"。读着读着，孩子们就能自然而然地感受到文章要传递的画面：静谧的天空中，有一轮明月，它就像小小的船，两头都是尖尖的。我坐在小小的船上，也就是弯弯的月亮上，去看周围闪闪的星星。这番景象真是太美了！

此时，引导孩子们闭眼诵读，发挥想象，每个孩子都会沉浸于美妙的夜景中。

用眼睛看到的文字，通过声音传播，并伴以抑扬顿挫的节奏，这就是有声阅读艺术，是文字、声音、身心融为一体的美的享受。

（二）校园需要读书声

有人问我："理想中的校园会是怎样的？"我回复："理想中的校园应该是充满生命的气息，无论是花草树木，还是老师学生，都应该具有活力。"我又对他说："理想中的校园无论你走到哪里，都能听到温暖的声音，或是琅琅的读书声，或是欢乐的嬉笑声，或是美妙的歌唱声……"说着说着，在我的脑海里浮现出了一个场景。

调皮的阳光透过窗户，洒进了明亮的教室里，溜到了孩子们的身上，也映照到课桌椅上，更是把语文课本照耀得光亮。这时，我捧着语文书漫步在教室里，和孩子们一起读着课本，朗读的声音是那么整齐，那么优美。每一个孩子是那么投入，那么享受。

这，就是我理想中的校园。校园需要读书声，理想的校园应该是书声琅琅的。古人说得好，风声雨声读书声，声声入耳。先人是非常讲究读书的，读书不仅要"有声"，还要"入耳"，既要听得见，还要听得美。

有一次，我在课堂上指导孩子们朗读这样的一段话："每一片法国梧桐树的落叶，都像一个金色的小巴掌，熨帖地、平展地站在水泥道上。它们排列得并不规则，甚至有些凌乱，然而，这更增添了水泥道的美。"（部编版小学语文第五册《铺满金色巴掌的水泥道》）

我请孩子们想象这段话所写的这个画面，说说自己看到了什么，听到了什么。有的说看到金黄色的梧桐树叶，仿佛还有晶莹的雨珠在落叶上闪着光芒。有的说看到了梧桐树叶紧紧地贴在地上，虽然排列有些乱，但看着却更加美丽了。孩子们明白了整齐是一种美，凌乱也可以是一种美。

在理解的基础上出示图片让孩子们亲眼感受到落叶之美后，再让他们有感情地朗读了这段话。他们用朗读声"欣赏"着美景。我闭上眼睛，静静聆听，我和孩子们就好像一起漫步在这条水泥道上，享受着这美丽的景致，沉醉其中。听完朗读，我激动地鼓掌，为孩子们喝彩！

校园里令人百听不厌的声音，莫过于孩子们的朗读声，这是校园里的天籁之音。

二、以"声"示范传递美

选入语文教材的课文大多是文质兼美的，教师应当充分加以利用，通过自身对语言文字的创造来传递美。教学过程中，教师以"声"示范非常重要。如果教师身体力行，做到字正腔圆、轻重缓急、抑扬顿挫，以及饱含情感地朗读，就会给孩子们带去语言艺术之美。

（一）打磨自己的读书声

朱永新老师曾说："没有教师的快乐，就不会有学生的快乐；没有教师的成长，也不会有学生的真正成长。"在一个人的学习生涯中，教师的影响力有多大？我至今还记得我初中时期语文老师上课的情景：每一次上课，她都会捧着一本语文书，先把课文朗读一遍，我就这样一边听一边感受着课文中蕴含的情感，这样一读就是三年。

善用教师的影响力将带给孩子们铭记一生的美好回忆。想要带给孩子们什么，自己就要先做到什么。要让孩子们开口读，读得好，读得美，教师要先打磨自己的读书声。

初为人师时，班级里有一个小朋友，无论我怎么去绘声绘色地引导，他总是无法读好课文内容。为什么简单的一句话，小朋友也理解了这句话的意思，却无法呈现出好的朗读效果呢？我陷入了沉思，隔壁班老师的一句话点醒了我："对一年级的孩子来说，身教大于言传。"是啊，低年级的朗读训练应该从模仿开始，与其告诉孩子应该怎么去读，不如直接示范给他听。

第二天，我悄悄地坐到那个孩子身边，一对一地读给他听。读一遍，让他跟读一遍，三遍过后，我又请那个小朋友来模仿，他学着我的样子，微微笑着，"云对雨，雪对风……"这一次的朗读不仅全部读正确了，而且就像是真的看到了大自然中美丽的风光，沉浸其中。

低年级孩子的朗读要从模仿开始，模仿老师的字音停顿、声音状态、表情动作，模仿得越是惟妙惟肖，就越能感受到语言文字背后的内涵。

之后，我养成了一个习惯，在开始备课之前，我都会把课文读三遍。读第一遍的时候，我一边大声朗读，一边在容易读错的字和需要停顿的地方做好备注。读第二遍的时候，我会默读课文，边读边思考文章里的每一句话应该带着怎样的情感去读。读第三遍的时候，我会有感情地朗读课文，把理解到的情感和朗读融为一体。

我钻研、记录、练习，在每一节课上用最美的朗读声去引领孩子们走进课文，共赴一场美好的声音之旅。渐渐地，我更喜欢朗读了，不仅读书本中的文章，闲暇之余，我还会读经典文学作品，从中摘取喜欢的篇章录成音频。就这样，反复读，反复听，就好像有什么东西钻进了我的心里，成了我身体里的一部分。

（二）建立朗读资源库

随着网络技术的不断发展，"听书"一词进入了大众视野。点开网上的听书排行榜，畅销榜单的前几位播放量都在百万以上。这样的新兴阅读方式为我们带来了什么？我想，带来的应该是一个契机。

小奇是我教过的一个孩子，他文静胆小，话语很少，课堂上个别朗读时，他总是涨红了脸，不敢出声，怎么办？于是，我和他有了一个小小的约定：每天，我都把自己录制下来的读课文音频发给他，要求他在家里反复听，认真练，练好了就在班级里展示。

一周过去了，一个月过去了。有一天，他终于举起了小手，站起来朗读了一段话。尽管他的朗读和其他同学还存在差距，但是我却看到了他眼里的光芒……

小奇的变化，开启了我录制朗读音频的尝试。每教一课前，我都精心朗读，留住最好的课文朗读的声音。我花了五年的时间构建了一至五年级的"课文示范朗读"资源库，里面留存了我的声音，承载了我的情感，传递了我对朗读的态度。

后来，每次初读课文的时候，孩子们都会先认真地听示范音频，在书上给容易读错的字做标记，再尝试跟读，把课文读正确，读熟练，读得更好听。在示范音频的带动下，语文课堂也变得越来越高效。

三年级的语文课上，在指导"菊花仙子得到的颜色就更多了，紫红的、淡黄的、雪白的……"一句的朗读时，我让孩子们回忆，遇到这一类的句子应该怎么去读。其实，像这样的句子，我们在一、二年级接触到了很多，要想展示出菊花颜色之多，朗读的时候就应该不断地提升自己的语速和音量。出乎我意料的是，当我问出这个问题的时候，举手的小朋友寥寥无几。

同一类型的句子，指导了那么多次，为什么孩子们却不知道怎么去读呢？归类迁移确实是难事，但最主要是因为孩子们只知道如何去读，并不清楚为什么这样读。我不禁思考起来，对低年级的孩子来说，光听朗读音频就够了吗？于是，我又花了两年的时间把朗读解析音频录制下来，丰富了一、二年级的"课文解析朗读"资源库。

（三）传递美妙读书声

线上音频资源库里的声音传进了学生的心里和家长的耳里，我们班的"朗读声"也在学校里泛起了涟漪。

一天，隔壁班的李老师问我："听说你们班有一个线上的音频资源库啊，怪不得朗读这么好！我的班级里有些孩子一直读不对文章里的一些字，还总是拖音，能不能也发给他们听一听啊？"我立即就答应了，直接把整个文件包发到了语文组里，还详细向大家介绍了我个人的使用经验。

群里的老师纷纷响应，觉得这些资源可以帮助他们更好地深入理解文本，有利于指导学生朗读。大家决定加入到我的队伍中来，每个班级开展长期朗读活动，和我一起来录制课文音频，传递美妙的读书声。

看到大家的回应，我心里也是百感交集。我很感谢在提升朗读能力这条路上，遇到了这么多志趣相投的战友；我很欣慰自己录制的音频能够获得大家的认可；我很期待能把声音越传越广，越传越美。

晨读时，路过各个教室，我能听到广播里播放着我的课文朗读示范音频，老师放一句，孩子们跟读一句，整齐又好听。我还能看到语文老师也站到孩子中间示范朗读，饶有兴趣地教孩子们怎么把一段话读好，耐心且执着。

一段时间后，我收到了一位老师发来的短信，她在我的朗读音频启发下，有了一个新的想法，她想组织一些有兴趣的老师一起录制一个中华传统文化的系列朗读音频。大声朗读经典文学作品，能让孩子们感受到中国语言文字背后的内涵，从文字中汲取知识，获取力量，建立文化自信。为此她邀请我加入她们团队。

大家不仅内化了我录制音频的初衷，还在此基础上开始了创新，这是多好的做法啊！我欣然点头，和同事们一起查寻资料，引经据典，撰写文稿，练习朗读，投入到新系列的录制中。美妙的读书声在办公室内此起彼伏……

如今，学校的资源库里已经有了许多朗读音频专辑，听着这些音频，同事们笑称我们在抢学校图书馆的"饭碗"，因为用这些线上的音频资源已经可以建立一个有声图书馆了呢！

我们尽自己所能更新大家对于朗读的刻板印象，用美妙的朗读声去感染身边的人，吸引更多老师、学生，甚至家长加入到朗读的队伍中来。相信不久的将来，学校一定能建立一个属于自己的"有声图书馆"。

三、书声琅琅学语文

小学阶段，学生需要掌握默读、边读边思等阅读方法，这些方法的基础就是尊重学生的发展规律，让学生大声朗读出来，把美好的声音还给学生。怎样形成大声朗读的习惯呢？在学校，必须抓住机会让孩子们充分读，朗读声不绝于耳，养成习惯。在家里，借助线上平台让孩子们喜欢读，朗读声声声入耳，引人入胜。教师应创设"人人朗读"的积极氛围，促使每个孩子都可以好朗读，朗读好。

（一）天天开口齐声读

从孩子们一年级开始，我就让他们养成了一个习惯。我对他们说："一日之计在于晨，想学好语文的小朋友每天早晨一到校就要开始大声朗读。"自此以后，每天孩子们一进教室，就会自发拿出课本开启晨读，读书声从教室传到走廊。每一个孩子身坐正，脚放平，左手压书，右手指读，随着集体的节奏大声齐读起来，我们称这段时光为"悦读一刻"。

在这个过程中，孩子们会在集体的朗读中获取个体朗读的经验，熟悉课文内容，检验字音、停顿是否正确，建立良好的语感，养成大声朗读的习惯。每天这样坚持下来，我发现，课堂中的齐读声变得更加悦耳动听了，就像是优美的合唱，大家的朗读声交织在一起，音量适宜，节奏一致，扣人心弦。

凡是路过者听到这样的朗读声，纷纷夸赞我的"指导"。我会自豪地回应："有这样的效果依赖于学生日复一日的坚持！"

（二）拿腔拿调自由诵

每节语文课 35 分钟，学生在课堂中的朗读操练时间是极其有限的，但我希望每个学生都能够拿腔拿调，全身心投入到诵读当中，把课堂中获取到的朗读经验投入实践。如何做才能延伸朗读时间，让每一个孩子都能自由诵读，达到最佳效果呢？

借助网络平台，我采用了"个人展示＋竞赛比拼"结合的模式，让每个学生都有展示自己朗读的机会。学习完一篇课文，班级里就会发起"小小朗读者"活动，邀请对应学号的小朋友，把自己绘声绘色的朗读视频发送到群里，我在群里作出指导，让其他同学和家长都能够看到。一来可以继续巩固课堂中的朗读要点，二来让学生有展示自己的机会，带动大家一起自由诵读。

其他同学在听完"朗读者"的示范后，就可以在学校的"智学通"平台上提交自己的挑战视频。我用心听完每一个学生的朗读作品，并逐个给出反馈。在聆听反馈指导后，孩子们会再一次朗读，再一次上传他们的得意之作。每一次的朗读，大家都在努力突破自己，越读越好听，越读越开心，真正体会到了朗读的快乐和朗读带来的成就感。

（三）你追我赶伙伴品

不光要会"读"，更要会"品"，这是我对学生朗读的要求。对于每一个学生来说，其他同学就像一面镜子，我们要引导他们"对镜自省"，寻找到自身优势和缺点。在课堂中，我指导某个孩子朗读的时候，会有意识地去关注其他同学的反应，看看大家是不是在认真聆听，"消化"我对他的评价，是不是能在他的基础上读得更好。

后来，我引导孩子们学着我的样子，自己发现并指出同学在朗读过程中的一些优点和不足。一开始，大家更多地关注同伴的发音问题，渐渐地，孩子们开始关注同伴的朗读技巧处理和情感表达了。

有一次，在朗读"湖光秋月两相和，潭面无风镜未磨"的时候，一个同学朗读节奏太快，立马就有小朋友站起来指出："这里没有一点风，很宁静，朗读的时候不能那么快。"

大家正在逐渐内化朗读技巧，把"听、说、读"这三个技能统一起来，娴熟运用，得心应手地控制气息、音量、语速、语调、情感，抑扬顿挫去朗读，这样的朗读声令人感到惬意、舒畅、愉悦。

四、寻找最美朗读者

孩子们琅琅的读书声在校园里的每一个角落回响。孩子的诵读声也要在客厅、阳台、书房、卧室中流淌。在家里，家长会更愿意花心思去聆听、欣赏孩子的朗读。孩子们看到家长每天饶有兴趣地聆听着自己读的每一句话，他们眼中会更有光亮，心中会有更多的故事。在家长的关注、陪伴、共同参与中，孩子们的朗读兴趣更浓，朗读的水平也不断提高。

（一）参与孩子的成长

家长是孩子身边最好的陪伴者，孩子们琅琅的读书声，不仅可以感染家长，也可以带动家长一起读。

我作为一名家长，在孩子读小学的时候，每天在他放学之后，我都会让他把今天学习到的课文有感情地朗读给我听。听的时候，我专注欣赏，用眼神给他肯定。听完之后，我不吝惜夸奖，把他当作一个小偶像。有时候，他读得不太好，我就和他一起反复听老师的示范朗读，揣摩朗读情感，帮他把这个故事读生动。我一直会收到您鼓励的信息，孩子的成长足迹清晰可见！感谢您，老师。

这是一位家长发来的短信，我把这些方法教给了班级里的学生家长。他们开始和我一样耐心地去听自己孩子的朗读，夸奖他的进步，有时还会提出一些问题，让小朋友来当老师教自己。部编版教材中经常会要求小朋友分角色朗读课文，有些家长就会主动扮演起课文中的一些角色。看着小朋友全身心投入，家长也受到感染。无形之中，朗读拉近了家长和孩子之间的距离。家长参与到孩子的成长过程中，彼此之间的心也靠得更近了。

（二）记录孩子的声音

班级里有一位家长给自己的孩子在喜马拉雅 App 里专门设立了一个频道，里面记录了孩子学习过的课文、古诗、课外经典篇目朗读音频。订阅账号的人不少，点开评论，大家无不赞叹这位家长的用心付出，夸奖这个孩子的朗读天赋。这位家长是这么回复网友的："孩子希望用自己的声音，让大家都能感受到朗读的美。我也支持她这么去做。"

作为一个家长，能全力为孩子所热爱的朗读保驾护航，这是多么美好的一件事情！家长的欣赏会成为孩子前行的动力。想到这，我请班级家委建立了班级公众号，开设专门的朗读平台，鼓励班级里所有的家长把孩子优美的朗读声"每周一录"在平台中。公众号不仅记录了学生美妙的声音，还记录了学生有声阅读的成长足迹，形成了学生有声阅读的个性化资源库。

不少家长响应了此次活动，还有些家长甚至一起参与录制，这让班级里的每次推文都变得精彩纷呈。我和家长们都会热情转发，收获了朋友圈众多人的点赞。在家长的支持下，我们正在用欣赏的眼光，帮助孩子们把美好的声音传到千家万户。

"梦回闻汝读书声，如听箫韶奏九成。"陆游曾在睡觉时听到儿子的读书声，这声音犹如"箫韶九成，凤凰来仪"。世上最动听悦耳的声音，莫过于抑扬顿挫的读书之声。师之范，生之行，必会让读书声在校园中余音绕梁，久久不止……

第三节

阅读："有形"到"有行"

春日明媚的阳光透过玻璃窗洒进教室，落在孩子们灿烂的笑脸上。

"看，这是我画的云朵面包，我在想猫咪吃了'云朵面包'会飞，那吃了'鱼面包'会游泳吗？"

"猫咪最爱吃鱼了，一定很喜欢'鱼面包'！对了，我画的云朵面包和你的不一样，我觉得它应该是粉色的。我还画了一朵小云朵，在看书的时候，我就想，这片小云朵怎么会挂在树枝上呢？"

"我喜欢蓝色，我画的云朵面包是蓝色的，在云朵面包周围我还用画表述了故事的起因、经过和结果呢！"

"如果我吃了云朵面包，也能飞起来吗？"

此时，孩子们正手拿着自己亲手制作的《云朵面包》阅读手账进行交流。

手账指的是经常带在身边，记载心中所想、要做、怕忘的各种事情的小型记事本。手账阅读是在记事本上用文字、图画来记录阅读过程的一种阅读方式，可以用贴图、画图、粘贴文字等多种形式记录。苏轼曾言："旧书不厌百回读，熟读深思子自知。"从古至今，阅读一直是人们生活中的一项重要活动。北京市特级教师何杰说："阅读是对语言文字进行识认、检索、理解、鉴赏的智力活动。"

《义务教育语文课程标准（2022 年版）》指出："引导学生成长为主动的阅读者、积极的分享者和有创意的表达者。"在信息化时代，我们要引导学生做真实的阅读者，提高阅读能力，培养良好的阅读习惯。手账阅读正是一种不错的创意表达方式，不仅可以帮助学生有意识地积累，快速进入阅读情境，还可以呈现学生的思维方式，培养思维能力，提高学生的核心素养。

一、不拘形式，创意表达

回想起自己上学的时候，那时总是喜欢买一本又一本漂亮的小本子，将自己阅读中感兴趣的句子摘抄在本子上。有时我会用彩笔来写字，有时我会在本子上画画，给文字配图。于是，一本又一本的精美笔记诞生了。在写作文前，我常会翻阅它们，看看是否有可以使用的素材。这些读书笔记每一本都不一样，它们见证了我学生时代的阅读经历，是美好的回忆。我至今还保存着它们。

常言道"好记性不如烂笔头"，人们都知道动笔的重要性，教师和家长经常告诉孩子们要多读书，多做读书笔记。可是，孩子们真的会做读书笔记吗？喜欢做笔记吗？笔记的质量高吗？

正所谓"工欲善其事，必先利其器"，开发并利用好阅读工具，可以为持续阅读、深度阅读提供有力的支持。现在看来，当时做的这种读书笔记就是手账阅读的一种形式。手账阅读的形式极为丰富，能呈现出精彩纷呈的阅读经历。

（一）图文并茂式阅读手账

人类的所有文明都具有图画叙事的传统，文字也起源于图画。孩子们最喜爱看绘本，绘本顾名思义就是"画出来的书"，是以绘画为主并附有少量文字的书籍。绘本给人精致细腻的艺术感受，往往能提供有意义的背景情境，帮助孩子建构基础能力，提升学习兴趣。孩子们在做阅读手账的时候，采取图文并茂的方式，自然也更能表达自己的阅读感受，提高做笔记的兴趣。阅读笔记制作的目的不仅仅是为了制作，更是为了让读者在做笔记的过程中积累，便于回顾与复习。像绘本一样精美的阅读笔记必定能引发孩子去翻阅。

《蟋蟀的住宅》选自《昆虫记》，主要介绍了蟋蟀洞穴的特点和修建过程。很多孩子对这篇课文很感兴趣，我便向他们推荐阅读《昆虫记》并设计了一个读书小活动，请孩子们做个小小插画师：在阅读整本书或者其中一个章节的故事之后制作一个图文并茂式的阅读手账封面，封面上要求孩子们根据作者的文字描述配上关于昆虫的画。完成后再做个小小编辑，制作一个阅读手账封底，写上推荐阅读理由。

如此一来，孩子们的阅读积极性大大提高，想要画好这张图，写出推荐理由，得仔细阅读文字，自然对于文字的理解也更深了。单章节的阅读手账封面集合在一起，配以整本书的阅读封面，加上推荐封底，便合成了一本别出心裁的《昆虫记》插画集，摆放在教室的图书角，孩子们的阅读成就感大大提升。

学生根据文字想象画面，配上插图，写一写推荐理由，促使学生深入阅读，使得他们对阅读有了一种新的体验，以角色扮演的方式加强了学生与社会的联系，丰富了他们的阅读经历。

"不是每个孩子都可以从雨树上摘下云朵，不是每个妈妈都能将云朵加糖发酵，也不是每个爸爸都可以在装豆芽一样的盒子车上吃到云朵早餐。可是啊，就是那么一点点从天而降的想象，生活就像云朵一样轻盈地飘了起来，飞过城市的上空，小心翼翼而惊喜非常。这就是被童话照亮的瞬间啊，此刻你有没有发觉，自己的心正在变得好柔软，并且发出美丽而轻微的叹息呢？"《云朵面包》是一本深受孩子们喜爱的绘本。我在课堂上推荐孩子阅读这本书时设计了一张情节复述图，让孩子们用图文并茂的方式做阅读笔记（见图2-2）。

图2-2 《云朵面包》阅读手账

这样，图片与文字重新组合在一起，焕然一新，生动形象地展现出孩子们独特的阅读思考。

（二）表格导图式阅读手账

表格既是一种可视化交流模式，又是一种组织整理数据的手段。学生可借助表格，对语言材料作分类比较。思维导图是一种通过图形、线条、文字来构成逻辑性强，且上下层级隶属关系清晰的图表，便于厘清语言文字材料之间的关系。我们在制作阅读手账的时候，可以选用表格或思维导图的方式，更清晰地展示自己的阅读感受与思考。

"有趣的故事，留下的不仅是开心的笑声，还有很多的思考。"在三年级《慢性子裁缝和急性子顾客》一课中，教材课后习题要求学生默读课文，填写表格，再借助表格复述故事（见图2-3）。这一单元的训练重点是复述，这张表格其实就是复述的框架。在课堂上，我引导学生填写表格时，提醒学生要做到三点：其一、信息提取要能体现人物特点；其二、填入表格要适当概括；其三、填写方式要能帮助记忆。学生借助表格从长长的故事中梳理出一条主脉络，了解了故事的主要内容，发现故事情节上一波三折的妙趣，也获得了一些启发。

图2-3 《慢性子裁缝和急性子顾客》课后习题

一篇文章的阅读可以采取表格式的方法来梳理故事情节，整本书的阅读自然也可以。如果一本书的故事情节特别多，制作成一张表格有难度的话，孩子们可以按章节或板块来绘制表格，梳理故事情节。最后将一张张表格合并，就能得到完整的一个长故事的情节发展图了。

在《云朵面包》阅读课上，我鼓励孩子们用思维导图的方式来梳理故事情节。孩子们用自己喜爱的颜色画出了心中的云朵面包，思维导图各不相同，有的以起因、经过和结果三条线绘制；有的以概括关键事件来绘制；还有的以人物、天气、出现最多的词语来绘制（见图2-4）。

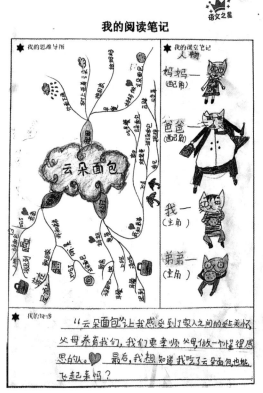

图 2-4 《云朵面包》思维导图

借助思维导图可以引发深度探究，让孩子在阅读与绘制的过程中对字、词、句、段、篇的理解更为深刻，帮助儿童厘清文本的内在联系，让思维在探究中拔节。思维导图有很多种形式，我们可以根据阅读需要来选用，制作阅读手账。

（三）文字记录式阅读手账

文字记录式的阅读手账或许并不如图文并茂式的阅读手账精美漂亮，或许不如表格导图式阅读手账清晰直观，但也是不可或缺的一种形式。我们可以从文字中获得更多原作的内容、读者的阅读感受等信息。文字记录式阅读手账虽然朴实，但也要有规划、有设计、有条理。

在一张白纸上，孩子们可以尝试用不同的排版风格制作文字记录式阅读手账：按内容四分页、上下对半留白、横向对半留白、斜角留白、四周留白、中间镂空等等。可以让孩子们用尺和笔按照宽3：2或者4：1的比例竖着画一条线，较宽的部分摘抄书中的语段，较窄的部分可以写上自己的阅读疑问、阅读感受等。选用搭配好的颜色书写文字，各个颜色代表不同的内容，也可加入一些简易的图标，如五角星、三角形等，这样在查阅时一目了然。

在指导学生阅读整本书的时候，其实可以综合运用图文并茂式、表格导图式和文字记录式进行阅读手账的制作。

有一次我给四年级学生上阅读课，带着孩子们一起阅读《长袜子皮皮》这本书。我设计了几个阅读小活动：一是自制图文并茂式阅读手账目录；二是制作表格式整本书阅读计划表；三是制作导图式故事时间轴；四是制作图文并茂式人物图；五是制作文字记录式人物性格特征分析（见图2-5）。当孩子们通过一段时间的阅读，将完成的阅读单合并在一起，装订成册之后，一本属于自己的阅读手账就诞生啦！

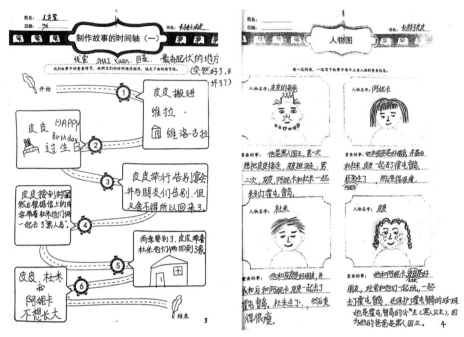

图 2-5　《长袜子皮皮》阅读手账

其实，孩子们在制作阅读手账的时候不必拘泥于形式，可以创意表达阅读感受，呈现阅读成果，教师要重点关注孩子的阅读经历，激发学生阅读与创意表达的积极性。

二、分级手账，循序渐进

在阅读能力培养的过程中，不同学段的阅读手账应该是怎样的呢？我想，形式上都是丰富多彩的，区别更多体现在阅读手账的表现方式上呈现阶段递进的特点，体现不同年级的不同要求。

（一）低年级阅读手账重兴趣激发

"第一学段的阅读目的侧重于帮助学生养成与书相处的习惯，逐步认识到书是生活的重要组成部分，阅读是生活的重要内容，为实现流畅性阅读奠定基础。"[1]低年级学生的识字量相对较少，独立阅读能力相对较弱，学生还处在学写字、练习看图写话的阶段。此时的阅读手账不宜设计得过于复杂，要以激发学生阅读兴趣、识记汉字、获取信息、积累表达为主，引导学生体会阅读的快乐。

在部编版小学语文一年级上册《四季》一课的教学中，我让孩子们用笔圈出了诗中一年四季最有代表性的景物——草芽、荷叶、谷穗和雪人，并找出它们最具代表性的形态——尖尖、圆圆、弯弯和大肚子一挺。然后引导学生用画、字或拼音将找到的元素融入其中，尝试制作这首小诗的阅读手账。除了小诗中提到的元素外，我提醒学生还可以添加四个季节的其他景物，如春天柳树发芽了、桃花梨花开了等。以阅读手账的方式进行学习，改变了常规的抄写默写，孩子们的学习兴趣更高了。在这个过程中，孩子们积累了生字，锻炼了扩散性思维，也对阅读小诗产生了兴趣。

古诗是中华优秀传统文化，很多古诗的意境很美，我们可以边读诗边想象画面。

二年级的时候，我组织了一次诗画活动，学习《古诗二首》一课，让孩子们读一读《村居》和《咏柳》，想象画面，给诗配上插图，做成阅读手账。课后，请孩子们去阅读《唐诗三百首》，寻找与春天有关的古诗，进行摘记、配画。

---

[1]吴欣歆.培养真正的阅读者——整本书阅读之理论基础[M].上海：上海教育出版社，2019：（4）.

在阅读手账的那一幅幅画与诗中，孩子们走进了诗画田园，感受了春日风光，领略了诗词歌赋的美。

（二）中年级阅读手账重阅读表达

通过第一学段的学习，孩子们阅读的意识强了，掌握了一定的阅读方法，尝试制作了一些阅读手账。在中年级学段，通过不断的阅读，学生养成更好的阅读习惯，享受阅读的快乐，尝试更真实、更理性的表达。

孩子们喜欢阅读有趣的童话。教学《在牛肚子里旅行》一课时，我就以"有趣的童话"为主题引导孩子做童话阅读手账。

首先，我让孩子们思考课后习题："从哪里可以看出青头和红头是非常要好的朋友？默读全文，至少找出三处来说明。"引导学生借助图表（见表2-1）梳理故事梗概、读懂故事内容，聚焦"红头处境""青头表现"来理解青头和红头之间的友谊。通过朗读，用文字记录自己的阅读感受。之后，以"红头有没有生还的可能，为什么？"为话题，理解这篇科学童话将科学知识与童话完美结合的特质。

表2-1 《在牛肚子里旅行》课堂练习

地点变换 （关键词句）	红头处境 （关键语句）	青头表现 （关键语句）	我的感受	红头有没有生还的可能？ 为什么？（关键语句）
和草一起被大黄牛卷到嘴里了	拼命地叫起来	一下子、蹦、不顾、一骨碌	青头担心极了	牛在这时候不会再细嚼的

其次，根据课后习题"红头的旅行真是惊险。画出它在牛肚子里旅行的路线，再把这个故事讲给别人听"引导孩子们画"红头旅行导图"，可以在旅行路线的基础上增加一些信息，如红头和青头的心情变化等。

最后，推荐阅读《老爱哭和不在乎》，这本书与《在牛肚子里旅行》的情节和故事结构极为相似。孩子们试着制作阅读手账，进一步感受这一类童话的风格。

这一学段的阅读要创设真实的阅读情境，让孩子们在制作阅读手账的过程中深入阅读，引导学生发表对文章的看法，尝试表达自己的观点，从文章中寻找证据支持自己的观点，经历真实的阅读过程，有意识地归纳思维成果并尝试表达。

（三）高年级阅读手账重梳理思辨

随着大脑发育成熟，高年级的学生思维方式发生了转变，慢慢有了自主独立的主观思考能力以及强烈的求知心理，他们考虑问题的方式也逐渐发生了变化，辩证思维能力初步形成。因此，高年级阅读手账主要体现在培养学生分析、思辨、归纳、总结等方面的阅读思维能力，并鼓励学生对文本进行评价。

如果你读过 J.K. 罗琳的《哈利·波特》七部曲，那么你一定痴迷于作者建构的全新魔法世界，对鲜明的人物个性和曲折复杂的情节印象深刻。但是你有没有想过哈利四十年后的生活会是怎么样的？哈利、罗恩和赫敏为什么能成为"铁三角"的好朋友？当你在照"厄里斯魔镜"的时候，你会看到什么？伏地魔为什么要吸血和寄生在别人身上？如果你是作者，你觉得还有什么可能？如果你写第二部《哈利·波特》，你会让伏地魔和哈利·波特两个对手如何形成冲突呢？在这一学段，我开设《哈利·波特》整本书阅读活动，鼓励孩子们进行个人阅读手账的制作。

　　阅读，需要高阶思维。在阅读课上，教师不断激发孩子们的能动性：一边读一边想象自己看到的、听到的、闻到的、尝到的。在文本中找线索，进行有趣的推测。在阅读过程中不断提出问题，并尝试在前后文中找出关联和答案。利用阅读策略单，写写画画，把文本信息组织、归纳起来，得出结论。最后将所有阅读策略单集合成册，《哈利·波特》阅读手账便应运而生。这一切，让阅读变得趣味化、可视化。

三、积以成习，见证成长

　　刘勰在《文心雕龙》中写道："积学以储宝，酌理以富才。"积累对于语文学习而言是十分重要的。学生在日积月累的阅读过程中，用笔记录，书写阅读手账，在潜移默化中发生了巨大的变化。

（一）手账，让成长看得见

　　有一次，一群来校参观的老师驻足于教室里"我们的阅读足迹"展示栏，小声地评论着孩子们的"阅读手账"记录真实且有创意。他们纷纷举起手机，将手账一页一页地拍摄下来。

　　是的，在我们的校园里随处可见手捧着书阅读的孩子，在他们的身边还放着阅读手账和一盒彩笔，孩子们会随时随地边读边写，读读画画。他们乐意在伙伴之间推荐自己喜欢的书，交流自己的心得。

　　校园图书馆是孩子们爱去的一个乐园，连图书馆里的借阅卡都深得孩子们的喜爱。因为孩子们带上"915星球卡"就可以去借阅书籍啦！在图书馆，孩子们不仅仅可以去阅读区静静地阅读,他们还可以在讨论区分享自己的阅读收获,讲述自己从不会读书到会做阅读手账,从不爱阅读到废寝忘食阅读每一篇短文、每一本图书的故事。

渐渐地,孩子们的阅读习惯越来越好,成为文明的阅读者。渐渐地,孩子们体会到了阅读的乐趣,爱上了做阅读手账,积累了知识,养成了良好的阅读习惯。

(二)手账,传递阅读的美好

大家都听说过图书漂流,但你们听到过"阅读手账"漂流吗?

每一个小朋友拿着自己的阅读手账,与其他班级小朋友进行交换,并诚恳地邀请阅读者给手账做批注,提建议。就这样,阅读手账越漂越远,从身边的同学到学哥学姐学弟学妹,从学生的教室到老师的办公室,从校内到家庭……有的手账还漂流到了兄弟学校。

此刻的阅读手账已经演变成手账阅读。手账越漂越远,每个孩子手账上的批注也越来越多,当手账回到孩子的手中,他们会惊喜地看到用不同的彩笔、不同的字体写的阅读感受和体会。他们必定会从这字里行间得到启发、得到激励;他们会感受到有很多伙伴、同学、老师、家长,还有很多叫不出名字、从未谋面的人和自己在共读一本书;他们会感悟到真正阅读美好就是爱上阅读,乐于分享。

这一本本阅读手账由孩子自己保管,记载着他们的阅读经历,见证了他们的成长过程。"让手账漂流起来"是一种以手账为媒介,传递阅读快乐的理念;是以漂流为手段,分享阅读成长足迹的活动;是让全员参与,展示每一个学子阅读成果的盛会。

（三）手账，成为更好的自己

有一天，一位家长约见我，他来到我的办公室，人未坐定，就滔滔不绝地分享孩子的成长故事，感谢学校的阅读手账让孩子养成了做手账的习惯，激发了做手账的兴趣，培养了做手账的能力，边说边翻开孩子做的一本本手账。

听到家长如此激动地与我分享孩子成长的快乐时，我心里意识到我们鼓励孩子做阅读手账，不仅是让孩子在读读、画画、写写中培养深度阅读能力，更是成就了孩子多个方面的发展。由阅读手账延展开的是学生对自己感兴趣的内容进行创意记录，此时的手账，无论是内容，还是形式更丰富多彩。通过手账，我们可以看到每一个孩子成长的足迹、价值的取向、人生的态度。

当今时代，知识的生成、更替和消亡的节奏不断加快，碎片化、跳跃性的数字阅读成了很多人的选择，关于"浅阅读"和"深阅读"的讨论不绝于耳。但是依托阅读手账，孩子们能静心读一篇文章，做一份阅读手账；静心读一整本书，做一本阅读手账。想要做出高质量的阅读手账，孩子们需要反复阅读很多遍，在文字里走好几个来回。叶圣陶先生曾说：所谓语文，语是指口头语言，文是指书面语言，语文是口头表达能力与书面表达能力的综合体现。学生在制作阅读手账的过程中，自然提升了书面语言表达能力；分享交流阅读手账的过程就锻炼了口头语言表达能力。"语"与"文"的具象输出让孩子们的书面语言与口头语言表达能力比翼双飞。不仅如此，我们还欣喜地发现孩子的字写得更漂亮了，绘画能力也有所提高。"不动笔墨不看书"，在这些阅读手账中，清晰可见的是孩子们在阅读中的思考、思维方式，综合表现出的是核心素养的提升。

第四节
进阶阅读

　　"叮铃铃……"这么晚了谁还打电话过来？我拿起手机接听。电话的那一头传来了一位家长焦急的声音："老师，最近我发现妍妍在进行'摩天轮阅读'的时候心不在焉的，不像以前特别爱看书，看不了几行字就感到烦了。"妍妍是个文文静静的小女孩，脸上总是挂着天真的笑容，她是班上的阅读小天使，怎么会有这种状态呢？我马上问妍妍妈妈："她在家看什么书？"妈妈叹了口气说："她不是爱看书吗？最近我给她看国外名著《简·爱》《钢铁是怎样炼成的》。"一个刚读一年级的孩子，怎么让她去看这么深奥的书呢？我欣赏妈妈对孩子阅读的重视，但立刻指出了妈妈有点操之过急，并指出，阅读是一个逐渐攀登的过程，需要一步一步往上走，只有给孩子创设一个"阶梯式"的阅读过程，孩子的阅读兴趣才会越来越浓，阅读能力也会逐渐提升。

　　芝麻开花节节高，阅读也有自己的阶梯。依据学生的身心特点和认知基础，以进阶的理念，引导学生从被动阅读到主动阅读，从单一阅读到广泛阅读，从浅层阅读到深度阅读，从阅读积累到阅读运用。这既是一步一个台阶循序渐进的学习，也是体现由低级到高级的进阶式学习，还能体验进阶评价带来的快乐。

一、拾级而上阅读新台阶

俗语说："少不读《水浒》，老不读《三国》。"这句俗语虽然未见得妥帖，但是阅读的确与读者的年龄特点、认知特征有关。阶梯阅读，就是尊重学生的身心特点、认知规律和心智发展程度，为不同年龄段的孩子提供不同的读物，开展分层分级阅读。为了激发学生的阅读兴趣，爱上阅读，我们制定了阶梯式阅读计划，为每一个孩子寻找到此时此刻最适合他的书。从一年级到五年级，我们的阅读分为三个层级。

三个阅读阶梯，从下到上是一个逐步提高的过程：一、二年级学生适合童谣、儿歌和绘本阅读；随着年级的升高，中年级则以故事、经典名著系列阅读为主；到了五年级鼓励群文阅读、整本书阅读、多元阅读。这样设计给学生搭建了阅读台阶，选择适合的阅读内容和方式，培养学生的阅读兴趣，提高阅读能力，让阅读成为学生成长的阶梯。

（一）童谣儿歌趣味阅读

小学一年级学生，正处在幼小衔接的过渡阶段，他们的注意力还不够集中，识字量还不多，理解力也不强，因此自主阅读能力较为薄弱。

"一九二九不出手；三九四九冰上走；五九和六九，河边看杨柳；七九河开；八九雁来；九九加一九，耕牛遍地走。"琅琅的诵读声从教室里传出。冬至到了，孩子们一边掰着手指，做着手势，一边踩着脚步，从"一九"数到"九九"，整整八十一天，数过寒冷的冬天，迎接温暖的春天。

民谣《九九歌》的诵读，不仅有助于增加孩子们阅读识字量，感悟气候和农事的变化，还能在富有韵律的阅读中提升孩子们的语感，加深对祖国传统文化的理解。

民间童谣简短朴实，节奏明快，趣味盎然。儿歌诗歌是孩子们喜闻乐见的阅读内容，是最适合一、二年级学生开展的阅读活动。学校也为一、二年级孩子推荐了诗歌的阅读书单。

我们以课内"快乐读书吧"为阵地，推荐各类精彩的阅读内容，同时开展"童谣天天诵读""古诗日日背""儿歌周周赛"等活动，让学生和同伴一起、和爸爸妈妈一起晨读暮诵。各种类型的儿歌，或传递给孩子们传统文化知识，或培养孩子们的好习惯、好品格，或启发孩子们的想象力、思维力、表达力，深受孩子们喜爱。儿歌童谣能激发孩子的阅读兴趣，初步建立与阅读的情感连接，打下爱上阅读的基石。

（二）绘本故事图文阅读

"月亮高高地挂在天上。大地一片黑暗，只有池塘的水面，光滑又明亮。月亮低头一看，发现水里还有一个月亮，他好奇极了。"

我指着《月光男孩》的绘本画面，说："怎么水里还有一个一模一样的月亮呢？"未等我的话音落下，孩子们的小手纷纷举起来，"这是月亮在水里的影子啊！""月亮发出的光应该是月光男孩吧！""天上的月亮只有一个，它太孤单了吧，所以请月光男孩把水里的月亮带回来，可以和它作伴。"

孩子们展开想象，迫不及待打开《月光男孩》绘本，又开启了一段阅读旅程。

一、二年级学生虽然已经步入小学，但他们阅读的爱好依然像在幼儿园时一样，喜欢图文并茂的阅读内容，那些纯文字的阅读内容对于他们来说较难接受。绘本阅读把文学、绘画、教育三者完美融合，既激发了低年级学生阅读的兴趣，又能培养他们良好的阅读习惯。

让孩子们选择自己喜欢的书，绘本往往是首选。尊重孩子们兴趣，贴近孩子们的现实生活，我们在选择绘本作品时会注意推荐一些优秀经典绘本、童话类绘本，让孩子们能够在畅读绘本的过程中，收获更有意义的童年。经过五年的探索与实践，我们制定了一份推荐阅读书单（见表2-2）：

表2-2　阅读书单

学年	书名	作者
一年级上	《和大人一起读（丛书）》	陈先云 / 主编
	《一园青菜成了精》	编自北方童谣 / 文　周翔 / 图
	《萝卜回来了》	方佚群 / 文　[日]村山知义 / 图
	《来喝水吧》	[澳]葛瑞米·贝斯
	《小马过河》	彭文席 / 文　杨思帆 / 图
	《团圆》	余丽琼 / 文　朱成梁 / 图
	《我有友情要出租》	方素珍 / 文　郝洛玟 / 图
一年级下	《读读童谣和儿歌（丛书）》	陈先云 / 主编
	《儿歌300首》	金波，郑春华等
	《小彗星旅行记》	徐刚　著 / 绘

（续表）

学年	书名	作者
二年级上	《读图识中国》	人民教育出版社地图编辑室
	《嫦娥探月》	王倩，宁远明，马莉，李雷雷 / 著　王晓旭 / 绘
	《小巴掌童话（丛书）》	刘敬余 / 主编
	《孤独的小螃蟹》	冰波
	《"歪脑袋"木头桩》	严文井
	《一只想飞的猫》	陈伯吹
	《小狗的小房子》	孙幼军
	《吃黑夜的大象》	白冰
	《格林童话》	[德国]格林兄弟
	《小鲤鱼跳龙门》	金近
二年级下	《神笔马良》	洪汛涛
	《七色花》	[苏联]卡达耶夫
	《一起长大的玩具》	金波
	《愿望的实现》	[印度]泰戈尔
	《爸爸的画——沙坪小屋》	丰子恺　绘　丰陈宝，丰一吟　著
	《没头脑和不高兴》	任溶溶
	《大头儿子和小头爸爸》	郑春华
	《弗朗兹的故事》	[奥]克里斯蒂娜·涅斯特林格
	《中华人物故事汇》《中华先锋人物故事汇》	徐鲁，葛竞，汤素兰，吴尔芬，吕丽娜，肖显志，余雷，张吉宙，王巨成等

（续表）

学年	书名	作者
三年级上	《安徒生童话》	［丹麦］安徒生
	《稻草人》	叶圣陶
	《父与子》	［德］埃·奥·卜劳恩
	《夏洛的网》	［美］E.B.怀特
	《窗边的小豆豆》	［日］黑柳彻子／著 ［日］岩崎千弘／图
三年级下	《伊索寓言》	［古希腊］伊索
	《中国寓言故事精选》	——
	《克雷洛夫寓言》	［俄］克雷洛夫
四年级上	《中国古代神话》	袁珂
	《希腊神话故事》	［德］古斯塔夫·施瓦布
	《成语故事》	陈敏／编写
	《宝葫芦的秘密》	张天翼
	《昆虫漫话》	陶秉珍
	《写给孩子的哲学启蒙书》	［法］碧姬·拉贝，米歇尔·毕奇
四年级下	《十万个为什么》	［苏联］米·伊林
	《十万个为什么》	韩启德 总主编
五年级上	《中国民间故事》	刘璐
	《一千零一夜》	郅溥浩
	《小王子》	［法］圣埃克苏佩里
	《城南旧事》	林海音
	《汤姆·索亚历险记》	［美］马克·吐温
	《男生贾里全传》	秦文君

（续表）

学年	书名	作者
五年级下	《三国演义》	罗贯中
	《红楼梦》	曹雪芹
	《西游记》	吴承恩
	《水浒传》	施耐庵

（三）经典名著系列阅读

孩子们要多读书，更要读好书。好书在哪里？国内国外经典名著可以说浩如烟海，让学生全部读，显然是不可能的。针对中高年级学生的年龄特点、阅读兴趣和阅读能力，我们推荐了一批阅读书。

对三年级学生而言，虽然他们有一定的阅读基础和阅读能力，但他们的阅读速度比较慢，对文章的理解还比较浅，阅读持久力还不够。因此，我们就推荐以童话、神话故事和人物故事为主的作品。例如《中国古代神话》《郑渊洁童话》《外国童话选》《名人故事集》这些篇幅比较短、容易理解的作品。这些书，孩子们读一读就会喜欢，他们在童话、神话故事中插上想象的翅膀，尽情遨游，结识有趣的人物，感悟主人公的善良、勇敢和智慧。

到了四年级，孩子们的阅读理解能力有所提高，文化积淀也不断丰富。此时，我们就推荐国内的经典名著给他们，如《朝花夕拾》《繁星·春水》《稻草人》等，也适当推荐一些世界经典名著，如《鲁滨孙漂流记》《哈利·波特》《汤姆叔叔的小屋》等。

五年级学生，应该走进名著，欣赏名著文字的魅力，了解名著故事情节的跌宕起伏，感受不同时代的名著所刻画的不同人物的命运。因此，这一年龄段的孩子应该选择有一定理解难度，但又是他们从小熟悉，配合影视作品更易读懂的名著作品，如《三国演义》《红楼梦》《水浒传》《西游记》《汤姆·索亚历险记》《爱的教育》《钢铁是怎样炼成的》等。孩子们在影视作品的驱动下激发阅读兴趣，静心阅读原著。

这样，分年级、分阶段有针对性地推荐名著阅读书目，有效激发了学生阅读名著的兴趣，使学生在理解能力、文化积淀不同的阶段，接触不同难度的阅读材料，更好地发挥自身阅读的优势。

（四）多元主题阅读

多元主题阅读往往是从课本中延伸出来，围绕某个单元主题进行的拓展阅读。其目的不仅在于帮助学生养成阅读习惯，更能扩大其阅读量，提升其阅读能力，提高其阅读品位。多元主题的阅读实践，可以在各个年级进行教学设计，突破课内单篇阅读现状，凸显课外的多篇文章的阅读拓展。

"妈妈，我们又有童话书可以看了！"辰辰一回到家，就向妈妈滔滔不绝地介绍起书单，"《了不起的狐狸爸爸》《木偶奇遇记》《'歪脑袋'木头桩》《宝葫芦的秘密》《乌丢丢的奇遇》，妈妈，双休日我们一起去书店挑书、买书，老师让我们在一个月内最起码看完其中一本。"

"童话主题"课外拓展阅读，是学完童话单元课文后，老师为孩子们推荐阅读书单，让孩子们选择其中感兴趣的一本，并在一个月内完成阅读。孩子们通过读童话、讲童话、编童话、画童话、演童话等丰富的阅读实践活动，展开"童话主题"阅读，激发阅读兴趣，扩大了阅读量。其间，我们还会聚焦一位作家、一种文体或一份情感进行拓展阅读：

学校组织四年级学生在学习了《黄继光》一文后，开展"革命英雄故事"

主题的相关书籍阅读，如《红色少年的故事》《领袖成长的故事》《爱国科学家的故事》等，激发学生对革命先辈的崇敬之情。

五年级学生学习《落花生》后，老师以"除了落花生，还有哪些植物有自己的品格呢？"为题，为孩子们推荐《爱莲说》《白杨礼赞》《菊赋》《青松》等古今名篇供课后阅读。学生可以选择自己喜欢的一篇进行阅读，半个月后进行课外阅读交流活动。

多元阅读如探索之旅，学生会对一本书、一则故事作更深入的思考和联结，进而建立起自己的知识网与情感网。当孩子在阅读中能够延伸自己的情感、思索与经验时，这样的阅读，就不只是热情，更是一种享受。

二、打卡挑战乐享阅读

其实，培养孩子们的阅读兴趣并不困难，难就难在不了解孩子的兴趣所在，抓不住孩子阅读的兴趣点。学生阅读的兴趣点在哪里？孩子们都喜欢游戏，进阶理念在游戏中体现得淋漓尽致：每天打卡，每天得积分，每天获得进步，不断升级。那我们为什么不把这种理念运用到阅读中去呢？由此，我们推行了"三三"阅读进阶模式，培养孩子们的阅读习惯。

（一）"三个一"坚持阅读活动

一个好习惯，无论其大小都将让人受益一生。养成一个好习惯需要 21 天，一项看似简单的行动，如果能坚持重复 21 天以上，就会形成习惯。

活动一，每天睡前阅读故事。央视著名主持人董卿一直保留着每天睡前阅读一小时的习惯，这个习惯是自小养成的，对她后续的发展起到重要作用。我们要求孩子们选择一本有趣的书每天在睡之前阅读。孩子们可以选择内容简短一些的故事，或者自己感兴趣的书籍，每天晚上哪怕只读十页也可以，这样日积月累，时间久了，小小的溪流就会汇成汪洋大海。每晚坚持阅读可以让孩子积累优美的语言，感受有趣的故事，提高阅读速度，并且对以后的写作也大有益处。

活动二，每月一次1小时图书馆阅览。图书馆是最适合孩子阅读的场所。在那里，孩子们可以看到各种各样的书，涉猎不同领域的知识。图书馆读书氛围浓郁，光线充足，非常适合孩子们静下心来阅读世界。

小嘉同学是在图书馆泡大的孩子。自从进入小学后，学校安排的每月一次1个小时图书馆精心阅读的时光，他总是第一个到，最后一个走。在那里，他阅读了大量中国古代神话故事，以及《格林童话》《安徒生童话》等世界名著。

学校还建议家长每月带孩子去一次校外图书馆，去感悟更广更宽的阅读世界。学校图书馆双休日也会对学生开放，解决家长没时间陪伴孩子的困难。

活动三，每学期至少精读一本经典书籍。阅读经典、品味经典，是学校坚持追求的阅读活动。学校规定每个孩子在一学期内至少完成一部经典作品的阅读，感悟经典的力量。

马上要进入五年级的梅梅，在小学四年级就已经阅读了近20本中外经典书籍，远远超过学校的要求。学校里像梅梅一样有如此大阅读量的学生还有很多很多，在经典作品的熏陶下，他们不仅获得了知识的力量，更获得了对人生意义和成长的理解。现在的梅梅已经是校园阅读达人，常在学校阅读大赛中摘得桂冠，在市、区级各类阅读大赛中也屡次获奖。

（二）"三个一"阅读交流打卡

吸收是为了倾吐，阅读也是这样。如果只是阅读却不进行更深入的交流，那样的阅读是没有意义的。孩子们在交流中产生思维的碰撞，在交流中产生新的疑惑、启发新的思考，在交流中吸收他人的观点和精华。所以，必须重视阅读交流分享。

交流一，精彩片段诵读。小张同学很喜欢诵读《笠翁对韵》，书中内容音律协调，朗朗上口。在"精彩片段诵读交流"的时刻，他就选这篇内容和同学们分享，掌声一次次在教室里响起。自从开设"精彩片段诵读交流"后，小张同学就爱上了诵读，在家一遍一遍练，就是为了这一时刻。经过诵读交流，我发现这个孩子越来越喜欢语文，在写作文时也能把背诵的词句巧妙地运用其中呢。

"精彩片段诵读交流"是我们的传统节目，每周开展一次，孩子们把自己最喜爱的精彩片段在小组内诵读、分享、交流，在诵读声中，启发智慧，开阔胸襟。

交流二，好词好句积累。每天两分钟课前预备铃响后，班内的孩子就轮流分享自己积累的好词好句。例如，春天到了，我们就积累与"春"有关的词、句、诗等。有时我们还会把一些积累的精彩内容张贴在教室后墙"日积月累"的栏目中，孩子们课间路过出于好奇会看一眼，不知不觉中，也就积累了很多词句。

交流三，好书推荐。互相推荐书籍可以拓宽阅读范围，引发阅读兴趣，形成共同阅读的班级氛围。我们有三种荐书形式：一是学校图书馆以海报或电子屏形式进行推荐；二是各班学生自己制作PPT或录制小视频来分享；三是在班级公众号内进行图文分享，学生编写内容，家委进行编辑排版，发布在公众号上，为大家推荐适合阅读的好书（见图 2-6）。

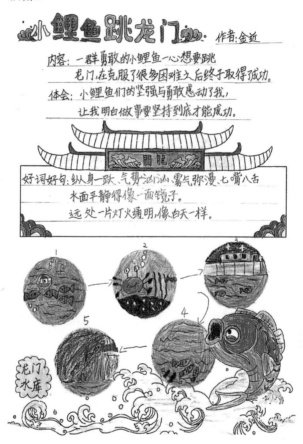

图 2-6　学生《鲤鱼跳龙门》好书推荐

（三）"三个一"进阶评价

阅读评价应渗透于阅读活动的始终，是对学生所表现出的阅读兴趣、阅读能力和阅读成果的综合评价。评价体现即时性和过程性相结合，促进孩子的阅读习惯养成。

阅读墙比高低。在我们的教室里，每个班级都布置了一面阅读墙，孩子们读完一本书就会在老师那儿获得一张魔力卡，在卡上填上书名、阅读时长，然后把魔力卡从下往上排贴在自己的姓名栏中。孩子们每获得一张魔力卡，就喜欢站在阅读墙前互相比高低。这种直观的展示方式，激发了孩子们的好胜心。他们不甘落后，个个暗自努力，都想攀到最高峰。集齐十张魔力卡，老师还会送上精美的书签和奖状，上面写上"恭喜你读完十本书，完成闯关"等内容。这样充满趣味性和游戏化的阅读评价设计，让孩子们主动爱上阅读。

"小书童"晋升路。"一阅读"网站是我们学校的特色中文阅读网站，平台上的青少年阅读书目有 2600 多种。在这个网站每个学生都有自己的专属账户，供他们阅读学习。学生阅读完一本书，不仅可以在网站平台上记录阅读笔记，完成测试题目，还能根据自己的阅读量提升"身份等级"。

每个月学校会统计数据，并给阅读量高的孩子送上惊喜：午餐时分的一份汉堡和薯条，夏季大课间的冰激凌甜筒，还有孩子们着迷的神秘盲盒……阅读伴随惊喜，孩子们一起阅读打卡，一起竞答题目，不断挑战升级，从"小书童"一路晋升，现在不少学生已经升级为"大学士"了。

阅读明星大比拼。阅读马拉松"明星"大比拼是学校的经典阅读活动。学期初，我们会一起制定不同年级的阅读书单并发送给孩子们，要求他在规定时间内阅读完。之后，老师会下发比拼题目，进行闯关测评。

闯关测评开始了。兰兰和伙伴们一起进入了闯关活动。"写写画画"环节：请你写出《祖父园子》的作者并画一画祖父的园子。简单！一会儿时间，兰兰就进入了第二关。这次是"问问答答"环节：祖父的园子给我的童年留下许多美好的回忆。在我的心目中，园子是……这次兰兰又轻易回答出来了。第三关，是"演演猜猜"环节：请看一下这幅插图，你能告诉大家这幅插图蕴含了一个什么故事？这个故事又是谁的作品？哇，一看就是读过的《三味书屋》，这也难不倒兰兰。兰兰信心十足地闯过了最后一关。"哇，我成功啦！"兰兰获得了年级"阅读大明星"。

我们把各年级获奖者的照片张贴在"阅读明星墙"上。学期结束时，阅读明星还会参加隆重的颁奖典礼，走上星光舞台，伴随着全校师生的掌声，从校长手中接过奖状。孩子们的荣誉感和自豪感油然而生，愈发痴迷阅读。

三、分段导读学会阅读

培养学生的阅读习惯，提升学生的阅读能力，是一个不断消化和积累的过程，其间需要教师进行有层次的阶梯式阅读指导。为此，我们以某本书为突破口，通过读前、读中和读后这几个不同阶段，进行推进式阅读指导，引导学生从兴趣阅读到养成阅读习惯，从浅层阅读到深度阅读，从单一阅读到多元阅读，从阅读积累到阅读运用，让孩子们真正爱上阅读，在阅读的同时获得成长智慧和力量。

（一）读前导读

怎样把孩子们带到书本中去，激发他们想读、爱读、急迫读的兴趣？怎样引导孩子们去读好书，让孩子们有方法去读，使阅读更有效？针对孩子们的实际情况，我们以激发阅读兴趣，了解作品主要内容或作者为主，进行读前导读。

兴趣导读。当孩子们拿到书本之后，老师创设生动的场景，激起学生的学习兴趣。我们借助生活实际、图画、示范朗读、多媒体等形式来进行兴趣引导。

孩子们喜欢的阅读指导课开始了。老师打开电脑，播放起电视剧《新白娘子传奇》，孩子们看得很开心！不到十分钟，老师突然按了暂停键。孩子们忍不住好奇心，"老师，接下来故事会怎样发展？"老师摆起架子说："不放了，你们自己看书去吧。"这时，老师向学生推荐民间故事《白蛇传》，引导孩子进入作品，激发阅读兴趣。孩子们如饥似渴地读起来，被故事中曲折的情节和主人公的命运所吸引。

内容导读。历史故事是孩子们比较感兴趣的阅读内容。学到《负荆请罪》时，老师带领孩子们一起走进这个历史故事，了解故事的主要内容。

老师介绍道："赵国有这样两位大臣，一个是因为能说会道立了功而被封为上卿的蔺相如，另一个则是官职位于蔺相如之下的廉颇。廉颇对于蔺相如官位在自己之上这件事很是不服，大家本以为蔺相如会和廉颇当面理论一番，可谁都没想到，蔺相如居然一直躲避着廉颇，不和他起冲突。但最后为什么廉颇'负荆请罪'呢？你们想要一探究竟，就自己去阅读，读后我们一起交流。"

在老师的导读下，孩子们饶有兴致地进入阅读的状态之中。

作者导读。在小学阶段，孩子们会学到不同名家的作品。作者导读，会让孩子们接触到更多的经典作品。在阅读老舍先生的《骆驼祥子》时，老师先为学生讲述老舍的生平经历，介绍老舍的相关成长故事，引起学生阅读兴趣。接着，老师顺势推荐老舍的其他作品，引发孩子们阅读的欲望。

（二）读中推进

孩子们开始阅读后，我们不能放手不管，而是要跟进阅读指导，与孩子们进行阅读交流，看看孩子们阅读的进度，了解不同孩子的阅读情况，听听孩子们的阅读故事。

小组抱团式阅读。班级中的孩子总存在着差异，有的勤奋，有的慵懒；有的阅读理解能力强，有的阅读理解能力弱。那如何能让孩子们在规定时间内完成阅读任务呢？"小组抱团式阅读"就这样产生了。

小林是一个动作比较缓慢的孩子，做任何事情都是落在别人的后面，有时还会完不成学习任务。老师就把小林安排在学习委员小组内，以小组抱团的形式，开展伙伴式阅读，并根据老师下发的阅读进度单，互相带动，共同阅读。每天阅读情况由小组长进行记录，小组抱团互助，持续阅读，达成阅读目标。为了不影响本小组的进度，小林可认真了，跟着学习委员一起在规定的时间内完成了阅读任务。

相关知识点检测。阅读过程中，我们会对相关知识点进行检测。比如，作者信息、主要人物、文中一些较难的词语意思等。每学期期中，我们会组织一次阅读知识竞赛，通过检测、表演、画画制作等，促使语文教师加强对学生课外阅读教学的指导与跟进，同时也收集学生的阅读信息，了解学生的阅读情况，进行针对性指导。

个性化阅读交流。我们鼓励孩子进行个性化阅读学习，读出自己的感悟和精彩。学校通过有趣的个性化阅读交流活动，如绘画、表演、讲故事等形式来呈现孩子们自己对一本书的阅读感悟、阅读理解，乃至阅读成效。

"摩天轮长征阅读"交流活动又要开始了。各位班主任积极行动，组织开展"我为经典配音"活动。学生们化身为鲁智深、孙悟空、小哪吒、"没头脑"和"不高兴"等人物，投入精彩的个性化阅读中。每一个班级呈现不同的精彩，也彰显了孩子们的阅读个性。

（三）读后延伸

读完一本书后，如何锁住孩子们的阅读热情？如何在阅读中提升孩子们的理解、概括、鉴赏和运用能力？我们注重延伸阅读活动，以促进孩子们的阅读思维、阅读运用能力。

抒发感言。古今中外许多善于读书治学并且成大器者，大多十分重视结交学友，并在讨论与交流中获益。

"在我很小的时候就已经看过《没头脑和不高兴》这个动画片了，当时只是觉得有趣。再读这本书后，我对其中的道理有了新的认识：那就是好习惯并不会随着长大而自然生长出来。如果长大后不想和'没头脑'和'不高兴'他们一样，那现在就应该养成良好的习惯，使自己成为有用的人才。"

这是我们班盈盈同学的阅读感言，虽然稚嫩，但这是发自她内心的感受。在我们班，有这么一个习惯：每半个月进行一次读书体会交流或者好书推荐，每次选3名同学进行交流，在规定的2分钟内完成，其他同学听完后可以进一步提出自己的想法。

续写仿写。以读促写，通过经典片段的仿写，故事情节的续写方式来推动学生阅读进阶。

"你觉得这几件事情中，哪一件事对故事的发展影响更大？""如果你是主人公，你会怎样做？""当时如果你在现场，你会做得更好吗？"读完一篇课文后，我总会再提出一些问题，进行追问启发，引导孩子们进行续写仿写，引导学生深入阅读思考，使阅读不会浮在表面，形成独特的阅读感悟。

　　延伸阅读。课文其实就是一个例子，学生凭借这个例子来进行拓展阅读。语文教材中设有"和大人一起读"或"快乐读书吧"板块，向学生推荐拓展阅读书目。学完一篇课文，当学生兴趣满满、意犹未尽时，老师要抓住黄金时机向学生推荐课外读物。教《猴王出世》后，便把学生引向《西游记》；教《猎人海力布》后，便把孩子引向《中国民间故事》；学完《别董大》后，便让学生回顾《赠汪伦》，再去整理一些与友情有关的诗歌。在拓展阅读的基础上让学生将知识网链接起来。

　　书籍是人类进步的阶梯。孩子们的阅读进步也是这样扶着阶梯一步步上升，从被动到主动，从单一到多元，从吸收到输出。只要他们扎扎实实阅读，就会获得各维度的阅读能力，最终形成自己的知识体系。

第三章

阅读可以这样丰富

拿到一本书，学生应该怎么读，才能获得最多？只有学生喜欢阅读，才能真正从阅读中受益。作为教师，就应该想方设法让阅读变得丰富起来。

阅读的环境要改变。最好的读书环境，就是把学校打造成一座大型图书馆，在这里，随时随地都能看到书，每时每刻都在开展读书活动，时不时还有明星作家亲临，和学生分享自己的读书经历，书香在校园中经久不散。

阅读的方式要改变。阅读可以是安安静静的读，也可以是热热闹闹的读。当学生用戏剧、辩论、动画、舞蹈等方式展现阅读感受时，阅读就成了一个"舞台"，上演着学生与书中人物的深度对话。

阅读的深度要改变。如何读懂经典名著？厚厚的书籍要在课堂中每章每页细读细品是不可能的，但书中的内涵又是历史积淀下的宝贵财富，绝对摒弃不得。"摩天轮阅读课程"为深度读懂名著提供了可能性。线下读纸质书籍，线上看指导视频，线上线下融合为学生找寻阅读方法，建立阅读路径，陪伴学生越攀越高。

阅读的意义要改变。所谓"读万卷书，行万里路"，阅读的意义就在于使每个孩子知道如何立足于天地之间。所以，阅读不能光读书，要从书中走出去，去看看校园里的每个角落，城市中的每处场所，世界上的每个国家……走得越远，越能感受到阅读的意义。

第一节

校园阅读嘉年华

- -

"妈妈，快点，再不走要迟到啦！"一早，三年级的小旭同学就催着妈妈快快出发，一起到学校参加校园阅读节展示活动。今天的小旭，特别开心和自豪，因为他将代表自己的班级参加学校"名著阅读"书签卡亲子制作展示活动。为了让这次展示活动更出彩，小旭和妈妈一起做了近百张"稻草人"精美书签卡，准备现场送给小伙伴们。除此之外，他还将展示自己的《稻草人》读书摘记。小旭和妈妈特地一起穿上了稻草人的服装，拿着道具，期待着这场盛宴。

阅读节活动是学校的一场阅读"嘉年华"，活动不仅能够展示孩子们课内课外阅读的成果，也舒展了学生、老师和家长的阅读情怀。阅读节犹如播下了一颗神奇的种子，大家一边享受着阅读乐趣，一边汲取着文字的力量，在不知不觉中唤醒每个生命个体潜在的能量。

一、我是红色追梦人

我有一个美好的梦想：让每一个孩子爱上书籍、爱上阅读。因为爱阅读的孩子有梦想，有梦想的孩子会闪光！我们是孩子们实现梦想的助推者，帮助唤醒、放飞孩子们心中最纯真的梦想。

如何在孩子们的心里埋下"好读书、读好书、读书好"的种子，从而自发地去感悟历史、体验快乐、了解科学、拓展思维、憧憬未来呢？学校以"阅读嘉年华"的形式，为孩子们插上阅读的"翅膀"，营造浓厚的阅读氛围。为期一个月的"阅读嘉年华"活动将阅读根植于校园文化之中，让它成为孩子们日常学习生活的一部分。

"红色追梦人"主题阅读文化节展演活动拉开了帷幕（见图3-1）。围绕这一主题，师生们用自己的才艺讲述着自己的阅读故事，分享着自己的阅读收获。

图 3-1　阅读节舞台"红星照耀中国"

如果是在今天的中国，骆驼祥子"三起三落"的命运能不能被改写？

让鲁迅"爱恨交织"的长妈妈会不会迎来华丽转身？

傅雷与儿子的交流会有什么新主题？

简·爱的教育事业能否大放异彩？

法布尔的荒石园能否获得应有的科研经费支持？

美猴王的花果山会不会搭上乡村振兴的快车，一举变身"金山银山"？

……

在阅读节的舞台上，最为精彩的是高年级学生的原创舞台剧《梦圆中国》，以幽默、创意的方式带给现场每一位观众别样的阅读感受。

台上一分钟，台下十年功。19名小编剧，花了整整三个月的时间，共同阅读了《朝花夕拾》《西游记》《骆驼祥子》《红星照耀中国》《昆虫记》《傅雷家书》《简·爱》等经典名著，抽丝剥茧出名著中主角的性格特征，将其命运和现实结合，给他们设定了一场真正的"穿越时空"之旅，共同来到了21世纪的中国。

《梦圆中国》的成功演出，是对经典作品的再创造，是风华正茂的少年用新时代之眼阅读经典，以新时代之身演绎经典的过程，是深度阅读的成果和收获。

最是书香能致远！阅读节是学校推进阅读活动的一次盛宴。学校创办阅读节六年来，基于"联结世界、追梦未来"的办学理念和"具有中国心、世界眼、未来脑、创新手、时代行的世外追梦人"的培养目标，设计了丰富多彩的校园阅读节主题（见表3-1）。

表 3-1　学校历届校园阅读节主题

学校历届校园阅读节主题	
第一届	青青子衿，琅琅书心
第二届	声音里的传统文化
第三届	青灯黄卷，书香致远
第四届	阅读创造梦想，拥抱星辰大海
第五届	我们都是红色追梦人
第六届	金色乐章

与此同时，阅读节也彰显了年级特色，体现"一班一世界"，让孩子们充分享受读书带来的进步和乐趣。例如，围绕"红色追梦人"校园主题阅读节，各年级开展学生喜闻乐见的阅读活动：一年级举办"诗歌朗诵接力"，二年级沉浸于"在童话里长大"，三年级体验"经典名著书签制作"，四年级"为经典诵读配音"，五年级投入"红色舞台剧展演"。孩子们通过读、说、讲、画、演、制作等丰富的感官互动体验，分享阅读成果。

二、人人都是阅读的主人

"老师，我要去绘本阅读活动区。"

"我要去学科阅读活动区。"

"我想去影视配音区试试。"

……

校园中的每一位学生都持有一张"阅读嘉年华"的阅读卡，他们既是阅读岗位的小主人，也是参与各项阅读活动的小嘉宾。

每一届校园阅读嘉年华，都是一场阅读集会。学校设有"好书推荐区""诵读接力区""演讲辩论区""封面插画设计区""听写大赛区""舞台表演区""影视配音区"等活动区。孩子们不仅可以参与活动，通过积极表现赢取"最佳小插画""阅读之星""汉字英雄""妙笔生花奖"等荣誉，也可以凭借阅读卡上积攒的积分，去参加学校的电影节、游园会等，实现自己的阅读学习愿望。

瞧，给不同年代汉字"代言"的孩子们陆续上场了。他们和"偏旁奶奶""标点先生"穿越时空来到舞台上，以轻松诙谐的方式演绎着文字诞生与演变的历程：从上古时代以绳结记事到殷商时期的甲骨文，从春秋战国的竹简木牍到汉代的造纸术，悠悠千年，汉字及其载体演变成了今天的样子，中国汉字文化真是博大精深、妙不可言啊！

再来看看后面上台的小墨、小欣和小乐，他们都是乐衷于"趣玩汉字"的汉字小达人。校园的书籍之门和班级教室门口的过道顶部悬挂的都是他们和其他孩子制作的镂空甲骨文，可有意思了！聪慧的他们通过拓展阅读，不仅发现了各种字体的特点，还自创了甲骨文卡牌，带着大家根据甲骨文图案玩起了猜字游戏。跟着他们一个个欢呼雀跃走上台的可都是一、二年级的识字高手哦！

有趣的比赛、闪耀的奖杯大大地激发了学生对汉字的兴趣。比赛结束了，但小家伙们还在兴致高昂地议论着："以后我要多多阅读，一定要把书里的每一个字都学会！""今年再加把劲，明年我也来参加比赛！"。

各种围绕阅读开展的体验活动点燃了学生的阅读热情，孩子们兴致勃勃地穿梭于各个活动区域之间，品味这场盛大的阅读嘉年华。透过一张张洋溢着快乐与满足的脸庞和一张张贴满阅读积分的卡片，我们欣喜地发现，阅读实践活动所记录的不仅仅是每个孩子的阅读理解。从他们有声有色的表演中，从他们的侃侃而谈中，从他们发光的眼眸中，我们看到了对学习的渴望，看到了对生活的热爱，看到了对丑恶的批判，看到了对美好的追求。

小涵同学说："通过阅读，我发现咱们中国汉字非常有趣，我还知道了很多汉字的演变过程，特别有意思！在我的眼里，汉字再也不是僵硬的符号，而是一个个可爱、有趣的朋友，陪伴我阅读，也让我知道了更多的东西。以后我要认识更多的字，读更多的书。"

"读一本好书就如同和高尚的人对话，我喜欢读书，也积极参加学校阅读节的各项活动。我喜欢古诗词，所以报名参加了'古诗诵读大王PK赛'，还获得了第二名呢！我的同学有的参加故事分享会，有的参与课本剧表演，有的搞起'书中人物秀'校园cosplay，阅读节活动可开心了！"小易同学兴奋地告诉大家。

人人都是主角，个个皆可入戏，校园舞台是属于每一个孩子的。看着他们在名家名作里遨游，倾情于书中经典人物的演绎，感受着他们对阅读的理解，同时又通过相互分享让彼此了解更多的经典书籍，对更多的好书产生兴趣，作为他们的老师，还有什么能比这更让人欣喜呢。

阿基米德说："给我一个支点，我能撬动地球。"阅读是孩子撬动精神世界的一个支点。学校每年举办的阅读节是学校最盛大的节日，更是触发他们精神积极生长的生命支点。

我给你舞台，你绽放精彩。书中人物秀、诗词大会、故事大王比赛、演讲比赛、辩论赛……在这样一个个沉浸式阅读活动的体验过程中，学生不仅成为阅读的参与者、活动的体验者，更是校园阅读成果的展示者和受益者。舞台上的他们，每一个人都光芒四射，那么自信、活泼，那么博学、善思。是的，阅读不仅打开了他们的知识之窗，丰富了他们的情感体验，更生发了他们对美好生活的热爱，在他们幼小的心灵里播下真善美的种子，让他们成为这个舞台最闪耀的主角！

三、与书本自由相遇

"马上就到自由阅读时间啦，你想去学校的哪一个地方看书呢？"吃过午饭，小欣和小奕在回教室的路上兴致勃勃地聊着。再看那边，二年级的小汪同学像着了魔似的，一收拾好餐具，就一溜烟钻到了摩天轮阅读长廊的圆盘里有滋有味地"啃"着他那本《哈利·波特》。还别说，如果不注意看，过路人还真不一定会发现这里趴着一只小书虫呢。

悠扬的午间铃声响起，三（4）班的小朋友排着整齐的队伍来到了五楼阅览室，拿起"915 星球卡"，走到书架前，静静地挑选自己喜欢的书，找到一处自己喜欢的舒适位置开始阅读。他们有的趴着看书，有的三三两两背靠背看书，还有的坐在书柜下看书。"沉浸式静读"模式就这样开启了。

"静读一小时"作为学校每年校园阅读节活动的"规定动作"，旨在让孩子们静下心来，专注阅读，与书本自由相遇。校园里，随处可见孩子们醉心阅读的场景：廊亭中、走廊里、操场上、楼梯口、树荫下、图书馆、表演厅、舞台上、教室里……那段时间，是完全属于孩子们个人的时间。每一位学生心无旁骛地捧着自己喜欢的书籍，相约自己喜欢的同伴，找到自己喜欢的场所，安安静静地专注阅读。此时，谁也不打扰谁，孩子们完全陶醉在书的海洋中，寻找书中最美好的自己。

当孩子们静下来阅读时，老师同样如此。他们走近孩子身旁，有的与孩子们拥在一起，有的坐在孩子们一边，还有的自己挑选一个安静的地方，和孩子们一样选择自己喜欢的作品与书本自由相遇。

看到这些画面，很多人可能会感到诧异：如此紧张的学习节奏，能腾出那么多时间让学生自由阅读吗？

——当然能。的确，在如今日趋浮躁和忙碌的生活状态下，自由"慢"读都快成了成人、孩子生活中的"稀罕事"。而学校每年的阅读节"静读一小时"活动，却把大家眼中的"稀罕事"变成了想做就做的"平常事"，而且还成了校园学习生活的"开心事"。

那这些小朋友坐在一个地方看上半天不腻吗？

——当然不会。每一年，学校的老师会根据不同年级学生的特点与需求，精心挑选各类图书陈列在学校的各个角落，为孩子们随时随地开展多场所的自由阅读提供便利的条件和美好、舒适的环境。我们坚信，每个孩子天生就热爱阅读。当他们遇见一本自己感兴趣的书时，接下来就只需等待他们自主翻开书本阅读起来，书中精彩的世界会在不知不觉中像磁场一般吸引着他们走进去，并沉浸其间。

阅读节期间，"沉浸式静读"在校园的各个角落悄然发生，轻盈生长。这不就是阅读节最美的一道风景线吗？无声无息，朴实无华，却如播种一般，扎根于孩子们的心田，生根发芽，茁壮生长，枝繁叶茂。

四、名家名著面对面

"童话是真的还是假的？"

"什么是文学？"

"怎么能够在阅读中找到最多的奥秘?"

此刻的报告厅内分外热闹,著名儿童文学作家梅子涵先生正和孩子们进行着一场亲密的分享会。听,"故事爸爸"梅老师用一系列现场互动式提问开启了对儿童文学深入浅出的介绍,引导孩子们在阅读中学会体验、思考、领悟,将此次阅读节开幕式活动推向了高潮。孩子们与梅子涵老师互动后仍意犹未尽,纷纷捧着梅子涵老师的作品,零距离得到了梅老师的亲笔签名,多么开心呀!

"作家进校园"是学校阅读节的高光时刻,也是整个阅读月活动中孩子们最为期待的一项活动。这一天,他们可以有机会与大咖作家零距离接触,面对面交流。就像梅老师一样,每一位特邀嘉宾都会耐心解答孩子们提出的问题,同时也会通过他们通俗且具艺术化的语言告诉学生什么是文学,鼓励他们多读优秀的文学作品,通过诗意的阅读去感受文学世界的纯美、清新与智慧,丰富精神世界。在这个过程中,孩子们自然而然会在心里埋下一颗亲近阅读、写作的种子。

"著名作家李牧雨要来我们学校做讲座啦!"

"《点亮星空的人们》这本书,我已经看到第二个章节了呢!"

"你们看,我在书上做了这么多的笔记,到时候我想问一问作家,她是怎么看待这个问题……"

2021年阅读节,正值建党100周年,著名儿童文学家李牧雨老师受邀来到校园,和孩子们分享了她所写的反映建党历程和红船精神的一部儿童文学作品——《点亮星空的人们》。李牧雨老师以书为引,以时间为序,站在孩子们的角度将书中的故事徐徐展开、娓娓道来,带领孩子们走进100年前的中国,重温那一段刻骨铭心的历史,感受革命先辈在建党历程中所展现出来的红船精神，让校园里那一颗颗"中国心"同频跳动，也点燃了他们对百年党史的浓厚兴趣以及对阅读的热爱。

热爱阅读的孩子将来会成为怎样的人呢？如果说，在中华人民共和国成立的历史中，有着无数个点亮星空的人，那此刻我们这群仰望星空的孩子，必将努力成长为一群"胸怀爱国心，共筑中国梦"的中国特色社会主义建设者！

这样的活动既创新了阅读形式，在很大程度上也激发了孩子们的阅读兴趣，尤其是在引导他们去阅读那些离自身的生活较远的文学作品时，为孩子们打开了又一个精彩的世界。

五、校园是行走的图书馆

校园阅读节是孩子们展示阅读成果的"嘉年华"，我们并不拘泥于这固定的一个月时间，而是在其他时候也将校园打造成一座"行走的图书馆"，将阅读根植于校园文化之中，让阅读走进课堂，让阅读成为孩子们课程学习的一部分。

放学了，大家整理好自己的书包准备回家。可我不着急离开学校，每天放学我总喜欢去"行走的图书馆"看一会儿书。奇怪不？图书馆怎么能行走呢？难道它长了一双腿吗？哈哈，告诉你吧，其实在我们校园里有好多个"图书馆"，它们就设置在我们教学楼的走廊靠墙的地方、楼梯的转角处、大厅的一角。学校为我们安排了一排排可爱的卡通小书架。我们下课、放学后经过校园的每一个图书架前都会坐下来翻一翻、看一看自己喜欢的书，享受阅读的美好时光。

这是一名四年级的同学在作文中描写的阅读乐趣。确实是这样，学校是读书的地方，读书应当成为师生的校园生活常态。把每一个学生都领进书籍的世界，应该是我们做教师的使命和责任。于是，就有了建立"行走的图书馆"的策划和实施。

学校在各班教室内开辟了班级专属的阅读"小天地"，方便孩子们随取随读、即读即取，发现新书籍，收获新知识，为孩子们提供温馨的阅读空间。

2020 年初，学校在原有 Q-library 的基础上，在 U 型教学楼 1—4 层西面楼道上分别增设了四条颜色各异、造型美观的年级阅读长廊，并配有多个书柜和阅读之星表彰区，将各年级学生从家中带来适合与同龄人分享的书籍摆放在那儿，供大家随时阅读，这些书架被师生们称为"行走的图书馆"。至于这个"行走的图书馆"的管理，学校也有奇招：面向各班招募年级图书管理员，学生自主申请，用一场双向奔赴的选择为阅读再添一分美好。每天的课间、午间，你都会看到两名小管理员认真布置阅读长廊、整理书籍的身影。他们和那些积极参与年级图书捐赠的孩子一样，不仅会收到来自老师和同学赞许的目光，还能获得非常宝贵的 Q 币。

你们看，孩子们有的三五成群，静静地坐在阅览凳上翻看自己感兴趣的内容，时而掩卷遐思，时而与同伴交流几句；有的独坐一隅，轻轻地捧起书本，时而紧蹙眉头，时而舒展笑容，沉浸其中。他们的目光始终在与书作着交流，仿佛他们的脚步已经跟随着手中的书籍走向了更远的地方。

像这样"行走的图书馆"在学校里还有很多，如每个班级每月更新的流动图书馆，还有孩子的"一阅读"平台等。"行走的图书馆"不仅有利于培养孩子们好读书、多读书的良好习惯，更重要的是"行走的图书馆"通过自筹、自读、自管的方式，给予孩子们最自由的空间和最充分的信任，是对他们道德品质和个性成长最大的尊重，这样带来的教育"回报"往往出乎意料。

"行走的图书馆"不仅体现在学校随时随处有阅读的空间，更体现在让阅读走进课堂，成为日常教学的一部分。每天都是阅读日，我们把最好的时间留给阅读，也把阅读排入课程，建构起"3+1"的阅读课程体系，让阅读成为教学常态。

"3"为晨诵、午读、暮省。

"晨诵"：主要是晨间诵读，用诗歌、童谣、儿歌开启黎明，开启孩子们一天的阅读生活。

"午读"：把阅读的自由交给孩子们，用他们喜欢的方式阅读属于他们喜欢的童书。

"暮省"：孩子们可以利用放学的时间，用随笔、日记、手账本、记录卡等记录自己每天的校园生活。

"1"为阅读指导课。

经典美文导读课、摩天轮阅读课、阅读鉴赏课等，让阅读深入贯穿教学始终，培养孩子们的阅读兴趣，帮助孩子们掌握科学的阅读方法，养成乐于读书的好习惯。

学校的孩子们都知道，每一年的阅读节，学校都会举行一场隆重的闭幕仪式。学校师生都坚信，这只是无数个"阅读微光"的开始，因为学校本身就是一座"行走的图书馆"，学校的阅读活动从未落幕。每日的阅读平台打卡、每周的"摩天轮阅读课程"、每月的阅读大明星评比、每学期的"阅读马拉松"……孩子们一直行走在阅读的路上，一路欢歌，一路徜徉。

第二节

把阅读搬上舞台

一年一度的戏剧节开始啦！学校的剧场座无虚席，孩子们安静地观看着台上的戏剧表演，时而发出轻轻笑声，时而站起身和台上的角色来个互动，时而瞪大眼睛紧张地屏住呼吸，而更多的是报以热烈的掌声……

随着音乐响起，一群刚刚升入一年级的孩子们，纷纷化身森林里的小动物，冲上舞台。孩子们动作富有张力，稚嫩的脸庞努力地做着各种夸张的表情。"小猪"鼓着腮帮子，挺着圆圆的肚皮，走路一摇一晃，慢吞吞的样子可爱极了；"小狮子"绷紧了眉头，瞪着眼睛挺着胸膛，那气势别提多威武了；"小老鼠"小心翼翼地出场，左顾右盼，眼睛直打转；"小猴子"活泼俏皮，一蹦一跳的，很是讨人喜欢。

今天演出的是什么情景呢？原来是绘本故事《动物王国》。你瞧，小演员们抓住了每一个小动物的特点，声情并茂地在舞台上表演着，把绘本故事里的情节刻画得极其传神。

这样的戏剧表演、舞台展示，在校园里已经成为一道亮丽的风景线，深受孩子们的喜欢。在书中，孩子们探寻中华上下五千年有趣的故事，感受奇特梦幻的世界；在书中，孩子们与人物进行思想、感情、经验和智慧的对话，拥有自己从未经历的人生；在书中，孩子们获得知识和本领，拓宽视野，受到启迪。这些阅读感受，同样需要孩子们以自己喜欢的方式去表达、表现、表演。

一、我从书中来

阅读是安静的，但阅读不止于"静"。阅读还可以"活"起来、"动"起来，好书的美妙，不仅仅是静静的吸收，也应该是灵动的倾吐。真正的阅读，一定是让孩子们带着兴趣走进书中，带着收获从书中走出来，涵养孩子们的生命成长。

（一）课本剧创编

著名戏剧家曹禺先生说：演课本剧，可以启发学生潜在的智力，使学生对听课、读书产生兴趣，从而引起学生想读其他文学书籍的欲望。孩子们天生喜欢表演，在他们心中，表演是活的，是有生命的。尤其是模仿课本故事中的小主人们，那绘声绘色的展示，俨然自己成为一名专业的演员。我们提出释放孩子们表演的天性和欲望，在课内课外开展课本剧的展演和创编活动，每个班级还成立了课本剧兴趣小组，语文课上每位老师都是导演，每张讲台都是舞台。

引导孩子们体验阅读的乐趣，熏陶孩子们的艺术修养，在这样的氛围中孩子们持续阅读的兴趣自然被激活。《小蝌蚪找妈妈》《亡羊补牢》《草船借箭》等都是孩子们喜欢的课本剧。表演前，孩子们会认真研读课本，编写剧本，勤于排练；表演时，孩子们个个是"戏精"，眼神灵动，表情形象生动，惟妙惟肖。课本剧的创编、排演，增加了孩子们的阅读兴趣，也让阅读活起来、动起来。

小单在 6 岁前，因为家长的意识问题没有养成阅读习惯，用他自己的话说："家里没有一本我看得懂的书，我的书柜上摆放的都是玩具。"一年级的某一天，我带着大家朗读课本中的故事《小白兔和小灰兔》，故事既生动又有趣，同学们深深地被故事内容吸引，读得很起劲，小单也是一样。读罢，我让同学们放下书，问谁愿意上前来演一演，小单听了眼前一亮。虽然小单平时不怎么喜欢读书，但是他却是一个表现欲十足的孩子，听到可以演一演，小手立马举得高高的。我看出了他的迫不及待，就邀请他来出演故事中"小白兔"的角色。

这是孩子们升入小学后第一次表演课本剧，讲台上的"小白兔"活泼可爱，一字一句都是那么生动传神。表演结束大家热烈的掌声，让小单记住了此刻内心的喜悦。从此，他爱上了表演，更爱上了阅读，每一篇课文都会提前读一读。遇到可以演一演的地方，他更是利用课间，带着同学们一起表演。他也因此成了班级课本剧兴趣小组的组长，更是在学校课本剧展演活动中荣获一等奖。表演促进阅读，阅读促进表演，原本不怎么爱读书的小单，如今也时常会捧书静读，家里的书柜上，也逐渐摆满了适合他阅读的各种书。

（二）绘本童话剧场

课本剧的表演，让孩子们在内心深处喜欢阅读，喜欢把书中的人物演出来，让自己成为书中的角色。浓厚的兴趣，也延展到了对绘本童话的学习。童话阅读对孩子们的影响是深刻的，孩子们在绘本中去认知、去学习、去感受这个世界。语言能力得到潜在的发展，审美能力得到培养。孩子们拥有美的享受，更拥有感受美的能力。在提升想象力的同时，孩子们增进情感的传递，促进基本价值观的形成。

学校专门为学生搭建了绘本童话剧场，这是一个充满梦幻的地方，也是孩子们最爱的校园一角。孩子们在这里把绘本中的故事用表演的形式一一呈现出来，把绘本阅读搬上舞台。《猜猜我有多爱你》《大卫不可以》《我爸爸》《我妈妈》……数百本国内外绘本，整齐地摆放在剧场的周围，舞台的角落还挂着一套套服装，样式很多，琳琅满目，供孩子们挑选。

小剧场由各个班级轮流"承包"。课间，孩子们三五成群在这里阅读喜欢的绘本，读过之后分一分角色，选一选服装，便直接站上小舞台表演起来。更多的孩子，一有空闲便聚在这里观看"免费的"表演，看着绘本里的人物一一走上舞台，看着故事情节一一呈现，心里别提多激动了。有的"小书迷"，在表演结束后，找到小演员，表达自己观看的感受，交流怎样表演会更好。有的"小书迷"带着本子，追到小演员那里抢着要"签名"，那场面还以为是小明星走进了校园。

（三）戏剧节展演

戏剧作为一种立体的阅读形式，有其存在的重要价值。它以书籍为依托，能够启发读者的思维，引发人们的深思，让阅读变得更具有真情实感。如果说，书是人类智慧的结晶，那么戏剧便是人类情感的凝结。戏剧就像是一扇窗，让阅读透进了一束光。

爱演讲、爱表演的我把专业人士请进校园，成立戏剧社团。孩子们在专业人士的指导下自信地走上舞台，自如演绎角色。一年一度的戏剧节展演活动是学校的特色活动之一，更是孩子们充分展示阅读成果的平台。展演活动的剧本均由学生根据阅读的经验创编，剧情也体现了孩子们自导自演的才华。每年的戏剧节前，每个班级都会进行小规模戏剧展，班主任挖掘班上同学潜力，为年级输送好的剧本和人才，备战戏剧节。孩子们游历在文字间，一边阅读，一边捕捉着书中精彩的情节，试图挖掘最立体的素材。孩子们在表演中亲身感受人物的离合悲欢，在展示中爱上阅读，加深对阅读的理解，在锻炼表达能力、统筹能力、自我约束力的同时，也体会着阅读所带来的乐趣。

学校原创戏剧《小兵张嘎》中有一名小演员，最初参演时并不了解《小兵张嘎》的故事背景，更没有看过这本书。为了演好角色，他事先通读了整本书，跟着书本走进了那个战争年代，感受了人物的悲欢离合。一场"八路军牺牲"的剧目过后，他因表演太过投入，激动得落下了泪水。那是他第一次通过表演，走进了一个角色，和书中的"自己"融为一体。这种了解和感悟，随着一次又一次的表演，在他内心深处变得更加难忘。《小兵张嘎》在市、区各类比赛中屡获佳绩。这名小演员还利用假期时间，专门去了河北省保定市安新县的"小兵张嘎纪念馆"，用这样的方式，深刻感受那个时代的英雄气概。

作为一所培养学生国际视野的学校，我们更注重英文与戏剧的结合。孩子们以法国作家都德的名著《最后一课》为基础创编了英文戏剧《那一课》，爱国主义激情在他们身上爆发出了强烈的感染力，高年级的同学将保家卫国、不畏艰难的勇气，通过演绎传递给了观众。如此丰富的阅读体验，孩子们怎能不喜欢呢？

二、这样的盛宴我喜欢

一个个漫步在校园中的孩子，口中谈论的都是书中的情节和人物。他们步履轻盈，把人物演绎得栩栩如生。孩子们在众多角色之间灵动地变化着，他们仿佛穿越时空，身临其境地感受着书籍里的奇特梦幻。那一刻，他们不再是自己，而是一个个从书中走出的鲜活生命，在奋起、在进发、在游历阅读的盛宴，在舞动生命的精彩。

（一）名著阅读辩论赛

辩论与阅读有着密不可分的联系。辩论的精髓就在于，我们可以解析对方不同的观点，并代入到对方的世界观里，从他人的认知角度来理解一件事情，从而分析这个人，分析这个世界。辩论，正是阅读最好的输出形式之一。

为了增强学生对名著的阅读兴趣，培养学生的思辨能力和语言表达能力，我们常常会组织四、五年级的学生开展名著阅读，阅读之后围绕一个话题，举行名著阅读辩论赛。辩论中，辩手们引经据典，犀利攻辩，妙语连珠，赢得掌声不断。

在一场以"唐僧是否适合做西行取经的领导人"为辩题的阅读辩论赛中，正反两方辩手的辩词让人心生赞叹，让我们一同来还原孩子们从名著阅读中延伸出来的思维风暴吧！

"唐僧是一个心怀慈悲之人，每次遇到坏人的时候，都会心软，作为领导，他并不适合。而且他还是一个没有太大主见的人，每次遇到难题，不会一个人寻找解决问题的办法，更多的是要靠孙悟空来解决难题。综上所述，我方认为，唐僧不适合做西行取经的领导人。"

"正如管理大师德鲁克所说:'发挥人的长处,才是组织的唯一目的。筹划一个组织,关键着眼于人的长处。做领导要清楚团队中每个人的才华,发挥他们的优势,这是领导最重要的能力。'唐僧虽然利用三个徒弟保护自己,但是绝对没有恶意剥削他们的意思,而是带领他们一同努力,共同成长,一起成功。最后,唐僧的三个徒弟也都有了自己的成就。所以我方认为,唐僧正是西行取经最合适的领导人。"

读书最讲究的是活学活用,不会用就变成了"读死书"。不难看出,读了名著,孩子们能够针对一种观点、思想,一个人物来辩论,能够用辩证的、理性的思维去分析,这样阅读,孩子们对人对事的认知一定会更深刻。

(二)《论语》"青"声说

一部《论语》,千古流传;一位老师,万世师表。中华文明绵延数千年,仁爱精神铺染了中国人的生命底色。学习论语,不仅仅是为了中华经典文化的传承,走进论语,我们更能获得与人交往的规则和方法,能学会自我反省、自我成长,有利于修正行为,树立正确的价值观。我们鼓励学生去触摸《论语》,通过《论语》丰盈内心世界。为此,学校开通了"《论语》'青'声说"栏目,用短剧表演的方式让孩子们直观了解国学经典。"学而不思则罔,思而不学则殆""敏而好学,不耻下问""三人行,必有我师焉!"一段段国学经典被"搬上银幕",同学们相互传诵。

语文老师也借此机会组织学生们在微信群中读一读、说一说、背一背《论语》。孩子们兴趣盎然,每周相聚线上一同学习。三年级的一位语文老师为我们分享了这样一件事。

在学到"三思而后行"这一句的时候,班里有学生这样翻译:"做事情要思考再三，然后再去做。"但是也有同学结合生活实际，辩证地思考了这句话，觉得如果什么事情都要仔细思考再去做，往往会错过最佳的时机。

对于这样的观点，我在班级组织了一次讨论。同学们分为两派，一派认同"做事要再三思考"，另一派则认同"做事要果断抓住时机"。现场同学列举事例，融思汇智，唇枪舌剑，据理力争。辩论双方彼此都有道理，最终难分伯仲。作为老师，我整理了同学们的观点，告诉他们：事物都有正反两面，要根据实际情况，辩证地考虑要不要"三思而后行"。

我想，有过这一次讨论后，这个班级的学生对《论语》的阅读一定会更加感兴趣，对《论语》的认识也不仅仅停留在表面，而是真正地走进《论语》，去感知穿越千年的金玉良言。

（三）中华经典诵

开口诵读，是内化文学经典的最佳方式。语文课上，老师常常会利用课前两分钟的时间，安排同学诵读经典。唐诗宋词、声律启蒙、诗经、千字文等经典在孩子们的口中传诵。

阅读节期间，语文老师结合不同学段的特点，编排符合学生学情的诵读节目。老师收集文字资料，将那些合辙押韵，适合孩子们背诵的篇目整理成集，配上合适的音乐，结合文本内容进行艺术形式的创编。于是，一场场诵读表演开始了！

一、二年级的"童谣诵读"童趣十足，同学们活泼可爱，朗朗上口的童谣，让传统文化荡漾心间；三、四年级的"美文朗诵"极富美感，诵读间，充分展示了同学们的朗读功力；五年级的"诗词飞花令"是一年一度经典诵读展示的高潮，同学们应对自如、自信沉着，尽显对诗词的热爱。

"红色经典诵读"接力赛中，孩子和家长一同捧起红色书籍，共同诵读经典，接受红色的洗礼，抒发爱国情怀。在学校每学期一次的"中华经典诵读"大会上，孩子们穿上角色服饰，配上道具，深情诵读着中华经典作品。那些薪火相传的红色精神，必将激励着孩子们，成为推动他们不断向前的力量。

三、换个方式读经典

静静地读书，是一个人的事；热闹地看剧，是一群人的事。学校抓住一切机会让阅读经典变得"热闹"起来，换个方式读经典，从读者到观众，如此读书，有谁会不喜欢呢？

（一）一间"真人图书馆"

庆"六一"活动中，全班孩子和爸爸们结伴相聚，看看家中的藏书世界，听听爸爸智慧的故事，瞧瞧爸爸眼中孩子的必读书单，回味愉快的亲子时光。在和爸爸一起阅读的过程中，孩子们不仅学会了倾听，也有了自己的感悟和理解，并在这一分一秒的阅读时光中悄然成长。

气质儒雅、谈吐幽默的著名儿童文学作家彭懿老师走上讲台，为孩子们带来了他创作和绘制儿童书籍的有趣故事，还分享了他这些年来致力于人文旅行的摄影作品与感悟。孩子们既被彭老师讲解的绘本深深吸引，也被彭老师所拍摄的人文风景图片和背后故事深深震撼，更被作家风趣幽默的表达方式逗得哈哈大笑。

每个人都是一座图书馆，一本好书，就是一次奇幻的旅行。这是对阅读意境最美的诠释。对爱书、迷书的孩子们来说，走进"真人图书馆"，奇幻的纸上旅行便启程了，更精彩、更美妙的游历，在等着"小书虫"们不断去探索。

（二）电影院里读经典

电影是孩子们喜欢的一种艺术形式，光影让孩子们沉浸在故事情节中，感悟人物的性格和思想，体验作品带来的一方世界。近年来，许多经典作品被搬上了银幕，为孩子们的阅读打开了另一番天地。当孩子们阅读经典图书之后，再去欣赏由该书改编的电影，或是看过电影之后阅读相关书籍，就能加深对经典作品的理解，产生对阅读名著的浓厚兴趣。

在学校的影院里，孩子们的电影课程在按部就班地进行着。每个年级都合理编排了课程的主题，一年级"积极主动"、二年级"阳光乐观"、三年级"勤奋自信"、四年级"富有同情心"、五年级"理性科学"。每个年级都精心挑选并制定了观影目录，包括《草房子》《花木兰》《追风筝的人》《勇敢传说》在内的近 50 部国内外经典电影，将阅读用表演的形式，淋漓尽致地展现在孩子们眼前。推荐目录上更有《智取威虎山》《长津湖》这样的红色经典电影，让爱国情怀根植在每个孩子的心中。

"今天，学校组织我们观看了一部介绍抗美援朝英雄的电影——《最可爱的人》。我曾在书中了解过抗美援朝的历史，今天观看过电影后，我有了更加深刻的感受。演员表演得十分传神，电影中的画面和故事的情节也将战争的残酷淋漓尽致地展现在我眼前。对比阅读，观影会让我的内心有更强烈的触动。"

"我很喜欢读书，但是选书的时候总是很困惑。书店里可选的书太多了，我不知道该怎样选择才能在有限的时间里阅读到更多、更优质的书籍。有了学校的电影课程，我的难题一下子被解决了。像《百鸟朝凤》《茶馆》这样的电影，都是由经典书籍改编而来的，只要是学校推荐的电影，我一定把相关的书籍买来阅读，丰富自己的课余生活。"

确实，电影课程能够有效地带动学生阅读，与影视经典的拥抱有助于激发学生阅读兴趣，提升阅读能力，真正培养孩子们的理解能力、思辨能力，拓展他们的阅读面。

（三）世界名著动画剧场

动画是陪伴每个孩子童年成长的重要组成部分，好的动画不但可以提高孩子的审美情趣，还可以启发孩子的认知和想象力，更可以让孩子学到知识，激发阅读的兴趣。高质量的动画片甚至会对人格塑造产生重要的影响，每一部好的动画，都代表一个奇妙的童年回忆。

学校设立的世界名著动画剧场，正是为了用最接近孩子认知的方式，通过世界名著动画，来增进学生对外国文化的了解。同时在这个过程中，培养孩子英语阅读能力。

剧场外悬挂着同学们为世界名著设计的动画封面，色彩鲜艳，生动传神。剧场门前是动画社团的同学们自行创作的世界动画电影海报，都是他们在阅读原著后源自内心的精心创作。

走进剧场，《绿野仙踪》《查理的巧克力工厂》《波普先生的企鹅》等近百部世界名著动画由学生自由点播，滚动播放。对于孩子们来说，他们相信在现实世界的背后，真的有一个奇妙时空的存在。在这里，孩子们超越各种界限，获得自由，达成愿望。神秘、魔法、公主、英雄……这些精彩动画中应有的元素，都是孩子们的活力"密码"，更是唤醒他们想象力的"金钥匙"。

第三节

乐享摩天轮阅读

　　有人说，游乐园是孩子们的天堂，摩天轮是幸福的终点。每个孩子的心中都有一个关于摩天轮的幸福故事：坐在游乐园最高的摩天轮上，随着摩天轮的缓缓转动，越升越高，孩子们可以仰望天空，畅想未来。摩天轮有多高，孩子们的幸福也就有多远。

　　有一天，无意中看到了摩天轮阅读 App，这个名字深深地吸引着我，这样的命名是否意味着能带领孩子们快乐地进入阅读的新领域呢？于是我们和外部公司合作，开发学校的摩天轮阅读课程。我们希望通过课程更好地推进学生深度阅读、有效阅读，乃至引导教师和家长共同阅读。摩天轮"线上＋线下"阅读课程，为孩子们准备了一道丰盛的、有趣的、系统的精神大餐，优化了孩子们的阅读方式，把书读新、读鲜、读活。课程推进和丰盈了亲子阅读，用书籍垫高孩子们的双脚，让他们看见世界、认识世界、创新世界。

一、登高又望远

　　"很小的时候，我就喜欢到公园乘坐摩天轮。妈妈说：'坐上摩天轮会让你看得更远。'确实，当摩天轮升到最高点时，我突然明白了妈妈说的那句话，因为我看到了一个别样的世界。学校推出的摩天轮阅读课程，让我觉得好像自己就坐在摩天轮上，登高望远，这是阅读给予我的体验和快乐。"

这是一个五年级学生在体验摩天轮阅读课程后的感悟。摩天轮阅读App为孩子们的阅读导航，不仅丰富了课内外阅读体系，还提供了更为宽广的阅读视野，激发了孩子们对名著阅读的好奇心，帮助他们学到有效的阅读方法，提高阅读理解力。

（一）足不出户读万卷书

古人读书"一卷在手"，现代人读书"一屏万卷"。在移动互联网时代，网络阅读正成为阅读的一种新形态。跟上时代节奏，满足孩子发展需求，"线上＋线下"融合阅读已经成为学生的阅读新空间、新场景。

依托摩天轮阅读App，紧密结合各年级语文阅读教学要求和教材内容，学校开发相匹配的名家名著课外阅读资源，满足学生多样化课外阅读需求，增加学生阅读量，提高阅读能力。在摩天轮阅读课程体系中，每个年级的阅读内容都与课文内容紧密相连，围绕"快乐读书吧"单元内容提炼了10个阅读主题，分别是"读书真快乐""读读童谣和儿歌""读读童话故事""读读儿童故事""在那奇妙的王国里""小故事大道理""很久很久以前""十万个为什么""从前有座山"和"读经典名著，品百味人生"。课程体系精选阅读书目与篇章，为孩子们提供丰富的线上阅读课程内容。

摩天轮阅读课程，就像一座没有围墙的、开放的、鲜活的"图书馆"，孩子们可以不出家门，就能读"万卷书"。尤其是在疫情期间，更是满足了孩子们不去图书馆就能阅读的需求。

《安徒生童话》《稻草人》《格林童话》《窗边的小豆豆》《夏洛的网》是与三年级语文教材第三单元和第四单元教学内容相匹配的课外阅读书籍。孩子们学习完教材中的内容后，可以到摩天轮阅读平台，自主选择阅读书籍。他们按照阅读指导进行阅读摘记、阅读训练、趣味晋级，在阅读中有效积累，获得能力。

线上阅读方式，极大激发了孩子们对课外阅读的参与热情，他们读童谣、唱儿歌、听故事、看传说、品经典、悟道理，与七彩文字对话，与斑斓文学共舞，与中华文化同行。与此同时，孩子们也能根据自己的兴趣、爱好、阅读期待，开展整本书阅读和群文阅读。

（二）声像并茂走进名著

经典名著是一座文学、艺术、思想的宝库，经过时间检验和沉淀，伴随了一代又一代人的精神成长。我们总是想让孩子们去阅读名著，可是厚重的内容、巨大的文字量以及深邃的思想，对小学生来说要熟读是比较困难的。

在摩天轮阅读 App 中，我们开发制作了名著导读微视频，让孩子们像看电影一样走进名著阅读、亲近名著。孩子们通过名著导读微视频了解作者信息、内容梗概、精彩情节。导读还有精彩片段赏析，能有效激发孩子阅读整本书的兴趣和热情，指导孩子在每本书的阅读中习得几种阅读方法，帮助孩子读懂名著，读深名著，读出新感受。

又到了课外阅读的时间。斌斌熟练地打开电脑，点击摩天轮阅读平台，开始他每天的阅读打卡。斌斌发现配合今天《飞向蓝天的恐龙》课文的学习，摩天轮阅读平台提供了多个课时的名著导读微视频，有《神探福尔摩斯"神"在哪里》《小口尖底瓶究竟是用来做什么的？》《恐龙长什么样子？》《凤凰真的存在吗?》《太平公主出门经常往哪个方向走?》《人们是如何预报天气的?》等 6 个阅读篇目。斌斌浏览了几个微视频,他决定先从《恐龙长什么样子?》开始阅读,并在自己的阅读卡上安排了后续几个微视频阅读的计划,饶有兴致地开启了新的阅读旅程。

为了更好地适应课堂教学场景和孩子们名著阅读的需求,摩天轮阅读 App 以语文课程标准为导向,为一、二年级学生提供 64 个动画视频,涉及中外童话、寓言、故事等类型;为三至五年级学生提供 96 篇名著微课视频,带着孩子们声情并茂地走进经典,帮助学生在阅读中落实语言建构与运用、思维发展与提升、审美鉴赏与创造和文化传承与理解四大语文学科核心素养。

(三)彼此共情与经典作伴

经典的文学作品,是历史留给我们的最好礼物。但这些作品往往年代久远,作为小学生来说,没有感同身受和情感共鸣要想读懂经典是有困难的。

摩天轮阅读 App 很好地解决了经典作品距今年代久远的问题。通过摩天轮阅读课程,孩子在面对深奥难懂的诗文时,不再有时间的距离感,可以轻松地走进作品。这是因为摩天轮课程通过一个个小视频,配上浅显易懂的文字,带给孩子直观的视觉体验,将诗词歌赋、散文、小说的意境用视频呈现出来。

"小玉,你知道吗?寒假前我在学校图书馆借了一本《三国演义》,可好看了,情节跌宕起伏,人物个性鲜明,尤其是诸葛亮,好厉害!不过我每天都看到很晚,为此妈妈还没收了我的书。"小晓低下了头,有点沮丧。碰巧语文老师走过,笑眯眯地对小晓说:"本学期的摩天轮阅读 App 就有《三国演义》,你可以回去学习,相信有不一样的感受哦。"小晓听了,兴奋极了,回到家连忙打开摩天轮阅读 App，迫不及待地跟着第一课开始学习，《三顾茅庐》《火烧博望坡》……小晓津津有味地看着视频，读着书，好像一部真实的《三国演义》上演着，他越看越入迷，有喜有忧，有笑有泪，仿佛自己化身为诸葛亮的随从，在三国时代徜徉，感受诸葛亮智斗周瑜意气风发的气概，体会《出师表》道尽的忧与患，与诸葛亮一起驰骋战场，北伐曹魏，明晓可歌可泣的一生。

"小玉，我昨晚梦到诸葛亮啦！我和他一起建功立业呢……"两个孩子开心地聊着书中的故事。那一刻，我看到了"阅读之花"欣然绽放，从未凋落。

经典的文学，如同一位伟人、一顿美餐、一杯香茗，与孩子们彼此相伴，彼此影响。

二、丈量阅读深度

摩天轮阅读 App 为孩子们的阅读提供了丰富的数字资源，帮助他们读好名著。在此过程中，孩子们又该如何去获得有效的阅读方法，提升深度阅读的能力呢？在推进摩天轮阅读课程中，我们注重阅读方法的指导，让孩子们在 App 中留下阅读的足迹，丈量阅读的深度，切实提高他们的阅读能力和语文素养。

（一）跟着墨老师去阅读

"每周三下午的活动课是我们班固定的阅读课，墨老师都会陪伴我们度过一段快乐的阅读时光。'登上摩天轮，伴你学语文'，跟随着墨老师的步伐，我们走过了一站又一站的阅读之路，从三年级的童话之旅、寓言之行，到四年级的神话之路，在墨老师亲切可爱的讲解声中，同学们认识了一个又一个令人敬佩和感动的人物……"一个小朋友在阅读交流区留下了这样一段话。

这名同学提到的"墨老师"是谁呢？她是我们摩天轮阅读 App 中设定的虚拟指导老师。她有着齐肩的短发，大大的眼睛里闪烁着智慧的光芒。每节名著微视频课上，她那亲切而温柔的声音都会在班级里响起，带领同学进入神奇的阅读世界。墨老师仿佛是一本"百科全书"，举手投足间解决同学一个又一个的小困惑。墨老师最擅长的就是抛出一个又一个的问题，吸引同学去学习、去思考、去合作、去探索、去解决。

有个小朋友在二年级摩天轮的第二站"跟着地图去旅行"的留言区里写道："在本站，我了解了地图图标、省市简称、世界之最。墨老师带着我们一起跟着地图去旅行，我们从文字中畅游世界。她向我介绍了如何读懂图例，帮助我更好地了解祖国的全貌。以河南省为例，墨老师带我了解有关河南省的地理和人文知识，比如少林功夫、龙门石窟、老子的故乡、牡丹的种类……如果未来我要去旅游，就可以打开这本书，制定旅游路线，欣赏千姿百态的自然景观和人工奇迹啦。"

墨老师作为亲子阅读的陪伴者也走进了每个孩子的家庭中，与每个家庭一起度过快乐的亲子阅读时光。在疫情期间，墨老师带着她的"疫情关怀系列直播活动"温暖上线，墨老师一场又一场亲子阅读直播的陪伴，既带动了亲子阅读的开展，也缓解了疫情期间的亲子矛盾。

（二）我有一本阅读手册

"凡事预则立，不预则废。"孩子们的阅读，也一定是一个有计划的阅读过程。摩天轮阅读课程为每一个孩子制定了一本《摩天轮阅读手册》，课程学习分"课前悦读廊、微课小天地、学习小任务"三个部分，每周要完成相应的学习内容。拿到《摩天轮阅读手册》后，图文并茂的内容、生动的卡通形象一下子吸引住了孩子们。他们会端端正正地写下自己的名字，这本手册将陪伴他们一学期的阅读时光。

有一次语文晨读，我稍稍迟到了一会，却发现每一个学生都在认真地翻阅手里的《摩天轮阅读手册》，教室里静悄悄的，只有书页翻动的美妙声音。我站在门口，不敢打扰这美好的氛围。

每周三固定的摩天轮阅读课深受孩子喜欢，有时我借用一点时间讲作业，他们可不同意，一个个嘴巴撅得老高。原先最不爱阅读的同学们有一天会为了多读点书和我分秒必争，这可真是让我有些意外了。

《摩天轮阅读手册》设计有"主题线"和"能力线"双主线结构，分为阅读旅行指南、站点目录、阅读与练习等内容板块，可以从中清晰地看到本学期要阅读的篇章和内容，帮助孩子们掌握阅读之旅的正确打开方法。

（三）我们在阅读"长征路上"

"妈妈、妈妈，摩天轮阅读 App 在暑期推出了'阅读长征'活动，我们来比一比，看谁能做到每日阅读并打卡。"小徐同学清脆的声音在书房里响起。"好的，宝贝。比赛一旦开始就不能半途而废哦。""一言为定！"从 7 月 2 日晚上起，一场母子间的阅读打卡比赛正式拉开帷幕……

"阅读长征"是摩天轮阅读 App 推出的经典阅读耐力赛，比赛根据历史上红军长征的行进路线设置了众多站点。

不服输、不怕苦的长征精神，在很大程度上和"阅读贵在有恒心"之间有着本质上的共通性。有效的阅读，一定要有一种不畏艰难万险的好"恒心"，要能耐得住寂寞，有坐得惯冷板凳的毅力，那种三天打鱼两天晒网的阅读行为是求不到真知，也长不了学问的。

小徐同学分享了他和妈妈的"精彩赛事"：根据"阅读长征"推荐的书目，他们自主选择感兴趣的书籍，并在期初制定好阅读计划，包括每日的阅读时间和阅读内容。在活动过程中，他们会利用空余时间，捧起书本读上两到三回，细细品味书中精彩的故事和鲜明的人物，并在当日所读章节后面签上日期，写上自己的感悟。除了母子之间的交流分享之外，他们还和其他家庭创建了"小小书友群"，在群里进行阅读视频或者语音的打卡，分享自己的阅读时光和阅读感受。

随着越来越多家庭的加入，"长征路上"并肩作战的志同道合者人数日益增加，大家互相督促、携手共进，成功闯过了一个又一个站点，取得了"长征"的最终胜利。

三、全家阅读总动员

小学生课外阅读习惯的培养，离不开家长的支持和鼓励，更需要家长能够参与陪伴，让学生从阅读陪伴中快乐地享受读书趣味。依托摩天轮阅读App，我们把阅读延伸到家庭中，鼓励爸爸妈妈和孩子们一块儿进行亲子阅读，享受亲子阅读的美好时光，一起感受阅读的乐趣。

（一）最好的陪伴

我喜欢和妈妈一起读书，这是我最轻松、最幸福的阅读时刻。每天晚上吃完饭，妈妈总是和我一起打开摩天轮阅读 App，阅读我们感兴趣的书籍。有时，我们同读一本书，读完后，遇到不懂的地方我会和妈妈一起讨论、交流；有时我们各自读不同的书，然后再分享书的内容。妈妈像个"书友"一样和我一起享受读书的乐趣。未来我们还要读更多的书来开阔我们的眼界，增强战胜疫情的信心，获得更多的知识和快乐。

这是一名三年级学生的阅读感言。家长是孩子成长路上不可缺少的陪伴者，和孩子一起阅读是最好的陪伴。摩天轮亲子阅读为家长创造了亲子共同成长的幸福时刻。摩天轮亲子阅读以阅读为纽带，通过一系列的精彩活动激发孩子的阅读兴趣，鼓励家长和孩子一起参与相关活动，创建积极、向上、温馨的亲子阅读氛围，使孩子和家长乐于阅读、爱上阅读、终身阅读。

小杰妈妈欣喜地表示，在进行摩天轮亲子阅读的过程中，孩子和自己都改变了很多，也收获了很多。一家人围绕着"阅读是一件美好的、值得期待的事情"，去布置温馨优美的阅读环境，努力创设亲子阅读的仪式感。她会利用周五晚上和周末的时间和孩子一起享受阅读的美好时光。

有时候小杰妈妈和小杰阅读同一本书，有时候坐在书房各自阅读喜欢的书籍。每当看到精彩的或者特别有感受的地方，一方就停下来大声朗读，谈谈自己的想法和见解，对方则认真倾听并回应。这样既增强了对书籍的理解和感悟，又营造出融洽的家庭氛围，小杰也从一个讨厌阅读的人慢慢转变成了喜欢阅读的人，而小杰妈妈也在亲子阅读的时光中品尝到了别样的幸福。

（二）爸爸的书架

学校每年都举行一场摩天轮亲子阅读表彰会，评选出一批在亲子阅读中的优秀家长和书香家庭。表彰会上还有一个特别令人兴奋的环节，就是让获奖家庭的孩子们来讲述亲子阅读的故事，分享亲子阅读的乐趣和收获。

"我爸爸也是阅读追梦人。瞧，这是我爸爸的书架！"在第二届学校阅读文化节亲子阅读的表彰大会上，四年级的小徐骄傲地说。"刚开始摩天轮阅读打卡时，是妈妈陪伴着我一起阅读，每天晚上我和妈妈都会坐在电脑前认真阅读。完成阅读后，和妈妈一起进行阅读打卡比赛，那种谁也不服输的劲儿，感染了我的爸爸。爸爸主动加入并提出了许多好的建议，我真的是太开心啦！"小徐说着说着，眼睛里闪烁着激动和幸福的光芒。接着，他得意地介绍起爸爸的书架。

"我给爸爸的书架取名为'百库全书'。书架上书籍很多，每一层都有自己的名字。'之乎者也'位于书架的最上面一层，这个名字是我取的，因为每一次我翻开《论语》《孟子》《大学》《中庸》这类书，让爸爸给我讲一讲时，爸爸的嘴巴里总是冒出满满的'之乎者也'。于是，我就给这层书架取了这个名字。中间两层我取名为'上知天文'和'下知地理'，这是我最喜欢的两层书。我喜欢跟着爸爸'遨游天际'，也喜欢跟着爸爸'行万里路'。最下面一层塞满了我从出生以来读过的所有图书，我给这一层取名为'小儿科杂货铺'。"

受到"爸爸的书架"故事启发，校园里掀起了一场"爸爸来阅读"的主题活动，开展爸爸同读一本书后的主题论坛、知识测试、情景表演等拓展阅读活动，共享阅读美好时光。

（三）我家的"悦读会"

摩天轮阅读 App 和阅读手册根据学生的年龄特点和知识结构来推进阅读课程，并采用视频和手册并举的方式来引导孩子进行阅读和思考，同时也给家庭读书会的开展提供了一定的支持和助力。很多家庭表示，他们会根据摩天轮阅读课程来阅读相关书籍，定期开展家庭"悦读会"，分享自己的阅读经历和感受。他们还会全家一起观看相关视频，填写阅读手册。每个家庭成员都能通过阅读这个纽带，共享相处好时光，共赴一场精神盛宴。

小玉同学曾是同学眼中的"隐形人"，也是家长口中的"闷葫芦"，经常一个人默默地坐着。适逢"红色追梦人"阅读文化节活动，在老师的鼓励和家长的支持下，小玉同学鼓起勇气报名参加了红色故事诵读活动。

于是，在小玉家里一场家庭"悦读会"拉开帷幕。爸爸争做"悦读前锋"，负责勘察书籍，择篇进攻；妈妈作为"悦读军师"，出谋划策，统筹诵读事务；"悦读老兵"当属爷爷，红色故事娓娓道来，如数家珍……初出茅庐的"悦读士兵"——小玉，在亲密"战友"的帮助下，渐渐摆脱了沉默和孤僻，她以阅读为矛，以亲情为盾，缓慢却又坚定地踏上了"悦读之路"，开启了家庭生活的新篇章。

小玉家的"悦读会"绝不是个例，而是众多家庭在摩天轮阅读课程的推进中逐渐形成一种阅读意识和亲子共情氛围的缩影。在摩天轮阅读活动中，爸爸妈妈和孩子共同诵读国学经典篇目，反复调整，力求抑扬顿挫、情绪饱满；共同观看红色故事，并将故事内容改编成舞台剧，再现鲜明的人物形象和伟大的革命精神；一起寻访红色足迹、了解革命事迹、感受先烈矢志不渝的爱国之情和无私奉献的崇高品德，抒发自己的红色情怀，坚定理想信念。

　　每个孩子的心中都有一个关于摩天轮阅读的幸福故事，在一站又一站快乐阅读的接力中，摩天轮既是阅读推荐者，也是阅读创造者，更是阅读陪伴者。它会支持孩子们走过一程又一程的阅读之旅，让孩子们带着收获的知识越攀越高，到达自己梦想的顶点。

第四节

带着书本去旅行

小时候，每次去春秋游，老师就会叫我们制定一个计划。长大了，我带孩子们去春秋游，每到一处都会要求他们去取一份游览图。带着春秋游计划或游览图参加春秋游，这大概是行走阅读的萌芽吧。我们曾经拿着一张纸，飞奔于公园的每一个角落，拿起一支笔，不断地补充着不完整的计划书。现在我看到我的孩子们，挑选着自己最感兴趣的地点，在游览图上圈圈画画做上记号……

阅读和生活紧密联系，阅读与行走形影相随。所谓阅读，可以从两个方面理解：狭义而言，阅读是一种利用语言获取信息、了解世界、发展思维、获得审美经验和知识的活动；从广义上来讲，阅读实质上是认知世界的一切方式。静坐阅览是阅读，行走探知亦是阅读。

行走阅读课程应该包罗万象，学校不断地构建行走阅读体系，旨在引导学生随时随地进行阅读。在阅读中丰富知识，在阅读中体味人生，在阅读中感悟成长。在行走课堂、主题研学、行走笔记的探索中，延伸阅读的内涵，为孩子们打开一个更广阔、更真实、更丰盈的世界，开阔孩子们的视野，润泽孩子们的世界，帮助他们成长为更全面的"人"。

一、行走课堂

什么样的课堂是理想的课堂？什么样的学习是高效的学习？作为教育工作者，这样的问题一直引发我们的思考，这样的问题也始终引导着我们不断去探索改革我们的课堂教学。行走阅读，寓教于乐，把智慧碰撞、思维沟通和感情交流融合为三位一体辐射圈。对孩子们来说，捧着书本走"世界"，在乐中游，乐中读，走走读读，读读思思，把文字和现实连接，这是多么美妙的一种学习和阅读方式呀！在行走中阅读，在行走中修炼自己。我希望孩子们在更为自然、更为广阔的人文氛围中，在愉悦的体验中，博览古今，收获知识，这才是行走课堂真正的意义。

"行，乃知之始；知，乃行之果。"行走课堂，让孩子们在世界上行走，在阅读世界中成就不一样的自我。

（一）行走阅读从校园开始

在校园里，我时常会看到这样的画面：有些孩子拿着校史手册，欣赏着校园里的小景；有些孩子拿着校园绿化布局图，对校园的花草树木进行探究；还有些孩子捧着伙伴们的习作，在寻找校园美丽而充满情趣的一角。行走阅读，从校园开始。

校园是学生行走阅读的好去处。你看，一年级小朋友拿着平板电脑，带着校园绿化设计图，围绕"花儿为什么这样绚烂"主题，边阅读边探究。二至五年级学生也分别带着"树儿对你说""操场的秘密""小景故事"和"校园里最可爱的人"等任务从图书馆、资料室挑选阅读材料，走进校园，感受行走阅读的乐趣。

五年级学生行走阅读的主题是"校园里最可爱的人"，他们根据微信公众号"青外视界"中青浦世外教师风采的图文资料，拿着《青外教师风采录》，挑选出小伙伴们撰写的"我眼中的青外好老师"的习作，走进校长室、走进老师办公室、走进食堂、走进传达室，去寻找校园里最可爱的人。通过阅读、采访、书写、画画，一个个"最可爱"的形象跃然纸上，在门厅、在长廊展现行走校园的收获与成果。

行走校园，让孩子们从身边开始感受另一种阅读方式。通过精心开发阅读主题，设计阅读活动，让孩子们沉浸于校园，沉浸于阅读，去发现、感受校园的魅力所在，这又何尝不是阅读的魅力呢？

（二）行走阅读遍布各处场馆

走进城市中的场馆，让孩子通过参观，感受这座城市的科技与人文，这是让孩子爱上一座城市的重要途径之一。一个城市的场馆是可以陪伴着孩子成长的，对小学生而言，有规划的场馆学习活动能让他们了解这个城市的过去和未来，感受这个城市的脉搏和气息，体验这个城市的温度和力量。

寻走博物馆。在惬意行走中"阅读"特色博物馆，是与这座城市亲密接触的绝好方式。每个学期，我们都会设计一系列社会实践活动，参观区域内的自然、人文景点。与其茫然走一遭，不如进行一场主题阅读探究之旅。

以探寻"上海自然博物馆"为例，学校为不同年级学生设置不同的主题任务单。例如，针对低年级孩子设计的"条纹与点点"活动，引导孩子通过观察动物标本身上的条纹和斑点，感知色彩、形状、粗细，培养孩子的自然观察力，以及与年龄匹配的语言表达能力。

寻思科技馆。想必大家都看到过这样一则新闻：

"这是长征五号？"近日，一段"男孩指出天文馆'错误百出'"的视频走红网络，引起了广大网友的关注和热议。据媒体报道，有家长在带自家孩子去某天文体验馆参观时，孩子竟发现馆内的航天科普知识存在诸多错误，如将长征三号说成长征五号，错误表述长征五号的分离顺序等。

新闻中的现象，反映了天文体验馆疏漏的同时，也让我们看到了当代小学生阅读面广，知识储备丰厚，视野非常宽阔。

学校专门设计了"寻思科技馆"的系列活动。学生对自己感兴趣的科学领域，在做足前期功课的基础上，实地探寻科技馆。学生通过找一找、说一说、画一画、写一写，阅读"科学"的内涵，感悟其蕴含的奥秘。在玩转科技馆的过程中，学生亲身体验、感悟科技带给人感官与思维的震撼。

学校与各大科技馆合作，"走出去"和"请进来"相结合。通过建立学校内的科技馆、天文馆、自然博物馆，让孩子们可以更频繁地接触科技知识，更广范地参与科技活动，在交流、实践中思索、创新。

寻梦图书馆。自古读书便和行走相伴。当没有机会远行时，读书也是一种远行。"书中自有黄金屋，书中自有颜如玉"一句古谚语，道尽了阅读的益处。在这个快节奏的社会，捧着纸质书或者电子书静静阅读显得愈发珍贵。

行走阅读课程体系中，图书馆阅读是必不可少的部分。在图书馆浩如烟海的书籍里，如何做到沉浸阅读，是我们不断思索的问题。尤其是对于心智尚未成熟的小学生而言，我们需要布置环境、营造氛围、创设活动，让图书馆成为孩子们梦想起飞的伊甸园。

学校以图书馆为出发点，以学校读书节为舞台，创设多样化的图书阅读活动。例如，组织学生声情并茂地阅读自己最钟爱的文字的"最美声音"活动；利用学校电子阅读平台测试系统，选出每周阅读图书量最多，获得知识最多的"阅读擂主"的"快速阅读"活动；为最爱的图书故事章节插画，争当"最佳插画师"的"手绘插画"活动。学生通过各种愉快的阅读体验，感悟文字的无穷魅力，从爱上一本书开始，慢慢地爱上阅读，悄悄地在心底埋下文学的种子，最终梦想花开。

（三）行走阅读让我们走得更远

学校围绕着"中国心，世界眼"的育人目标，让每一个孩子既有民族情怀，又有国际视野，设计了"走世界"的研学系列活动。一年级"行走"家乡，二年级"探访"城市，三年级"游览"祖国，四、五年级"走出"国门，"走遍"天下。学校希望孩子用自己的脚去丈量家乡、丈量祖国，在阅读和游览中，真切地了解祖国的地大物博。学校也希望孩子走向世界，感受全球普适性的价值观。

二年级的同学在今年秋游时"探访"了这座城市中"奇妙的生命一角"——上海海昌海洋公园。巨大的鲸鱼、有趣的海狮、可爱的企鹅让身在上海的孩子们大开眼界。海洋乐园中每一个展示馆都成为自然世界的缩影，沉浸其中仿佛漫步于奇景之巅。在研学单的指引下，同学们分成若干个小组，去了解企鹅的饮食、了解白鲸的情感、了解大海的浩瀚。丰富的城市之旅开阔了孩子们的视野，更是让孩子们感受到校园外处处都是研学之地。

2019年的夏天，孩子们背上行囊，经过整整12小时的长途飞行，抵达英国。他们一起观赏泰晤士河畔的地标建筑伦敦眼，近距离感受这座被誉为"数学的奇迹"的美妙建筑；参观彼得伯勒大教堂，体会12世纪诺曼式建筑的恢弘与优美。在诺丁汉，孩子们近距离观赏了著名的绿林好汉罗宾汉题材的相关展览。在剑桥大学，孩子们参观了国王学院、牛顿数学桥、牛顿发现地心引力的苹果树位置等景点，在心里悄悄种下一个名校梦想。十几天里，孩子们感受到了东西方文化的强烈碰撞，结识了来自不同国家的小伙伴。面对遇到的问题，孩子们学会了如何去跟不同的人交流沟通。对于他们来说，这终将成为童年记忆中宝贵的财富。

与书为伴，让我们以阅读的名义将世界打开，让多彩的世界成为孩子们阅读的课程。所谓"阅历"，可以理解为阅读和经历，当阅读的内容正好是在经历的事情，那么，文字会更具象化，经历也会变得更丰富。在行走中阅读，让每一个孩子在面对问题时更淡定、更从容。随之而来的，是在孩子们的大脑中会形成更立体、更丰富的知识架构。这样的阅读便是最有效、最有意义的。

二、主题研学

"朱雀桥边野草花，乌衣巷口夕阳斜。旧时王谢堂前燕，飞入寻常百姓家。"暖阳下，一群稚气未脱的少年站在南京的一条窄窄的、看似普通的巷子口，看着眼前赫然的绿色大字"乌衣巷"，情不自禁地吟诵着、辩论着。"据我所知，'乌衣巷'之所以有'乌衣'二字，是因为传说有一位以航海为业的人，名叫王榭，他所坐的船只失事后，被一对老夫妇收留所居住的地方，叫乌衣国。""我读的书中不是这样描述的，传说是东晋时，王导和谢安两大家族的子弟都穿黑色衣服，所以他们居住的地方被称为'乌衣巷'。""哈哈哈！这也太牵强了，明明是因为王谢子弟当时被称为'乌衣诸郎'，因此才把他们居住的地方叫'乌衣巷'。"正当大家争论不休，或忙着翻阅书籍，或急着上网查资料时，队长提议：我们何不进去听听解说，一探究竟呢？

以上的画面，就是我们学校组织的主题研学活动的场景，一群孩子带着探究"六朝古都"的任务，来到"夫子庙""雨花台""乌衣巷""中山陵"。

研学旅行是一场有计划、有实施、有评价的教育活动，也是一场知行合一、学以致用、培育人格的教育活动。那么，主题研修之旅究竟该如何设计，怎样开展，成果如何展示，这些都是值得我们认真研讨，做好顶层谋划和设计的。

"江南佳丽地，金陵帝王州"，拥有上千年悠久文明历史的南京，自古以来便是中国南方的中心地带，厚重的文化底蕴和丰富的历史遗存闻名遐迩，是一座巨大的教育宝库。在尊重小学生身心特点和知识结构的基础上，学校围绕南京多角度开发了"文旅南京，追梦时代"系列主题研学活动。

（一）寻访红色足迹，做新时代"追梦人"

在研学活动中，红色教育往往排在首位。红色教育能帮助孩子知道什么是"堂堂正正的中国人"，怎样做一个"堂堂正正的中国人"。南京正是这样一座红色教育资源的宝库。

暑假里，我参加了"寻访红色足迹，做新时代追梦人"的南京主题研学活动，我跟随老师与伙伴们一起登上中山陵，来到渡江胜利纪念馆，站在雨花台前……了解到南京是一座红色之城、英雄之城，孕育出以雨花英烈精神、渡江精神、铁军精神、梅园精神、长江大桥精神等为代表的南京红色文化。通过资料搜索，我还了解到南京现有165处红色文化资源点，那些承载着红色记忆的遗址基地构成了南京的红色地图。

在主题研学之旅中，学校设计寻访红色足迹活动，学生分组合作，在查阅资料、设计游览线路、实地参观采访中，凝练学习实践体会。学生从红色文化中汲取力量，思考作为新时代少年，怎样以实际行动，做好新时代的"追梦人"，这样的主题，让阅读之旅意义深远。

（二）跟着名著诗词，打卡世界"文学之都"

四大名著《三国演义》《水浒传》《西游记》《红楼梦》的作者中，施耐庵是兴化人，吴承恩是淮安人，曹雪芹是南京人，如果再加上在淮安创作《三国演义》的罗贯中，可以说四大名著与南京颇有渊源。南京之行，也是文学熏陶之旅。

我是小希，是南京主题研学队伍中的一员。听老师介绍，2009 年南京入选联合国教科文组织的"世界文学之都"，我是一个文学爱好者，我好兴奋。在研学出发前，我上网查了南京历代文学名人；买了一套叶兆言写的《南京传》；读了名家散文《桨声灯影里的秦淮河》，分析朱自清和俞伯平笔下秦淮河的不同；设计了研学地图和研学手账。我已经做好准备，随时出发！

这是南京主题研学队伍中一名学生的行前感言。跟着名著诗词，学生仿佛走在架连古今的桥梁之上，赏景读文，追忆过往，品尝文学韵味，润心养魂。

（三）探秘非遗文物，赏读历史文化名城

朱自清的散文中曾经有一句："逛南京就像逛古董铺子，到处都有些时代侵蚀的遗痕。"南京，是底蕴深厚的文化之地，传统的艺术和技艺随处可见，非遗文化在这里代代传承、生生不息。例如，南京市民俗博物馆和南京

市非物质文化遗产馆，它们是研究、展示、保护南京民俗文化和南京非物质文化遗产的专业性博物馆，也是全国首家民俗、非遗"双博馆"。

在"文旅南京，追梦时代"的主题研学中，我们以"探索非遗文物"为主线，让孩子们近距离接触秦淮灯彩、南京剪纸、南京绒花、葫芦彩绘、微雕、泥塑、绳结、布艺等南京各种非遗项目，在非遗传承人的手中这些技艺仿佛都有了生命。

你看，孩子们有的拿着书本一一对照现场的画面，有的拿起纸笔记录着自己的所见、所闻、所思，有的三五成群在交流着自己的收获和感悟……孩子们在非遗传承大师的指导下，动手体验非遗制作，在制作过程中体会手工技艺背后的故事，体会非遗带来的生活乐趣。

"窥一斑而见全豹"，学生以非遗的视角，在品读文字、实地观摩与亲身体验中，真切体味历史文化名城独特的魅力，从而揭开其神秘的面纱。

主题研学，围绕一座城市或一个地方，教师多角度地挖掘可阅读资源，进行筛选、整合，让孩子们通过走进研学之地，阅读文学作品，感受书中文字，实地体验，真正去读懂游览之地的美景、人文、历史，这是主题研学的目的所在。

三、行走笔记

"世界是一本书，那些不旅行的人只读过其中的一页。"哲学家奥古斯丁如是说。认识世界、阅读世界的方式很多。有人说："要么读书，要么旅行，身体和灵魂必须有一个在路上。"那如果两者兼得呢？一边读书，一边旅行，生活会是怎样？灵魂又会如何？

（一）记录新发现、新思考

所谓"行走笔记"应该是"阅读＋行走＋表达"。阅读，指的是围绕行的方向，行的目的地，有针对性地读书看报，去了解关于我们即将到达之地的风土人情。行走，并不是"一日看尽长安花"的走马观花式行走，而是以书为伴，读读走走，走走读读，脚踏实地去丈量世界的行走。只有关注过程，看重体验，才能有所发现，有所感悟，有所收获。

妈妈："五天的研学，你的收获是什么？"

孩子："你看，都记在这里。"

妈妈："这一连串的是什么？"

孩子："妈妈我读给你听。"

妈妈："你不是去实地参观、访问了吗？怎么留下那么多问题？"

孩子："这些都是我的新发现，我回来后，要继续研究的。"

孩子："妈妈，你看，我还有那么多的收获。"

这个孩子在他的行走笔记中的第一页，记录了在整个研学过程中的问题、困惑和新的发现，这正是我们研学中最珍贵的素材。我们先不去评判这些问题，而是思考一下行走笔记的内在价值和关键之处。行走笔记，并不是雾里看花，愈看愈朦胧。行走笔记的关键点是什么？应该是情境创设或者是活动设计。作为教师，我们需要在充分调查考证的基础上，提供科学的、有趣的、可行性强的活动菜单或任务清单。教师或者家长配合，带着孩子去阅读、行走；在阅读、实践体验对比中，孩子发现问题、记录问题、思考问题，从而形成自己的思考，这才是行与思相随的意义。

（二）记录新探索、新足迹

回顾学生的学习经历，我们不难发现，其实行走笔记也是习作的一种呈现形式，但是要比习作更灵活自然。作文，本身应该是生活的一部分。我们倡导并鼓励学生在旅行或生活中，养成留心观察周围事物的习惯，并且有意识地丰富自己的见闻，珍视在此过程中产生的点点滴滴的独特感受，用文字记录行走与思考的足迹，这无疑便是最自然、最真切的写作素材。

（三）记录新体验、新感受

"从小到大，每逢节假日，我都带着孩子出去看世界。唉，可是要写游记了，孩子写出来的作文，竟然都是'流水账'！"一位宝妈为了孩子的写作愁闷不已，百思不得其解。

殊不知，仅有外部的输入，没有内在的生成，学生是无法写出优秀的作文的。行走笔记不仅重视体察生活，也十分重视大量的阅读，关注课内阅读与课外阅读相融合。积累知识，掌握技能，才能在潜移默化中形成自己的个性表达。我经常跟我的同行们分享："行走＋视野＋眼界＋见识＝创作"，这里的"＝"可以理解为能够或可以，而不是成为或确保。"行走＋视野＋眼界＋见识"可以延伸我们的学习时空。我们努力引导学生以行走笔记的形式，来积极发掘生活与所学知识之间的关系，在生活实践中感悟与体验学到的知识，从而实现精神的内化行走，丰富学生的情感世界，提高学生的写作立意。

读自然、读天地、读世界，以阅读的名义打开世界，以阅读的名义感知世界。我们一边行走，一边阅读，一边领悟沿途美妙的风景，引领孩子们在行走阅读的世界里，完成蜕变、成长、成才之旅。

第四章

阅读可以这样创新

　　书是传播人类文化的使者。前人总结经验编制成书，后人从书籍中汲取知识。随着时间的流逝，"创新"一词应运而生，在阅读中创新，就像是把一束光投射在微微荡漾的湖面上，让每一痕波纹都熠熠生辉起来。那么，读什么，如何读，才能把这束光照到孩子心里呢？

　　阅读，需要创新。《义务教育语文课程标准（2022年版）》要求学生多读书，读好书，读整本书，养成良好的读书习惯，积累整本书阅读的经验。在整本书阅读中，学生挑选新书，掌握新方法，呈现新成果，让阅读焕发全新的生命力。在此基础上开展群文阅读，引领学生读同一主题、同一作者的不同作品，让阅读的广度和深度不断拓展。这条新的阅读路径会渐渐融入学生的阅读习惯中，为"多读书，读好书"做好铺垫。

　　创新，需要阅读。华盛顿曾说："读书而不能运用，则所读书等于废纸。"阅读的根本目的就是学以致用，用知识的力量去推动人类文明的进步。教师基于教材精心设计任务，宣传中华优秀传统文化的现实意义；学生运用阅读技能有效解决问题，形成自己的思维路径，这正是"项目化学习"和"主题式活动"的内涵所在。教师通过创新阅读指引学生爱上阅读、主动阅读、运用阅读，培养出新时代背景下真正的创新型人才。

第一节

整本书阅读的适切性

"老师，这一个月我读了三本书，一本是《爱打喷嚏的马》，一本是《上下五千年》，还有一本是《谢谢你，小苹果》，我是不是阅读小达人呀？"

"老师，老师，你读过《西游记》吗？"

"老师，我在'一阅读'打卡，已经阅读18000字了，老师你看到了吗？"

……

在教室，在走廊，在校园，孩子们总是捧着一本本心仪的书，边读边跟我交流。他们总喜欢和伙伴们争论自己在书中的"收获"。你听：

"我觉得唐僧最厉害！"

"我觉得孙悟空会七十二变，厉害！"

"我觉得猪八戒虽然长得蠢头蠢脑，但他的钉耙可厉害了！"

"我觉得白龙马本领大。"

"我最喜欢沙和尚了。"

在初登讲台的时候，我就喜欢让孩子们一本书一本书去阅读，那时候从《白雪公主》《一千零一夜》《男生贾里》《女生贾梅》到四大名著，我鼓励每一个孩子选择自己喜爱的一本书，每天课间或临睡前，坚持阅读半小时。那时候，我还没有系统研究过整本书阅读的指导方法，只是设计了一本《拾穗集》，让孩子们读一读，碰到好词好句记一记，每周安排一次午会课或放学前的时间，让大家交流交流。有时候，也会布置孩子们做一张阅读小报，仅此而已。第一届学生教了三年就升到初中了，三年的阅读经历，每个孩子都养成了静心阅读、主动分享的好习惯。

随着课程改革的深入，整本书阅读渐渐地进入到语文教师的视野。其实，自学校成立以来，我们主要围绕"挑选什么样的书""课内怎么指导""课外如何拓展""怎么展示阅读成果"等，进行了很多实践探索。

一、联结经验，遇见整本书阅读

一次，在上《一分钟》这篇课文时，我和孩子们一起读着课文，读着读着，有一个孩子举起手来，她对大家说，这个故事是在鲁兵爷爷《一分钟》这本书里的，这本书里面还有好多好多故事，有《老虎外婆》《下巴上的洞洞》《知了先生》等等。

我惊讶于孩子的阅读面和记忆力时，也想起了叶圣陶老先生说的"语文教材无非是个例子，凭这个例子，要使学生能够举一反三，练成阅读和作文的熟练技能"这句话。语文教材中的每一篇课文都是经过精挑细选、反复推敲的。但是，很多课文受到篇幅的限制，只是选取一本书的一个片段，一篇小说的一个章节，一个作家的一篇小散文。因此，为了满足孩子们的整本书阅读需求，老师应该结合教材，适时推荐并整理相关书目进行拓展，让每一个孩子得法于课内，应用于课外。

孩子们读什么，怎么读，老师要依据孩子的阅读经验，要尊重孩子的阅读兴趣，理解孩子的阅读需求，指明孩子阅读方向，这是我们每名语文老师的责任使命。

（一）个性化的阅读计划

我喜欢我们的校园，那里充满着欢乐，充满着激情，充满着书香；那里满目都是孜孜以求、刻苦好学的小绅士、小淑女。那琅琅的读书声，像是向从泥土里探出头来的小草报喜；那笔儿碰着书本的沙沙声，像是心儿向着梦想努力的呐喊声。我们的孩子有的文静，有的开朗，有的爱动物，有的爱童话，有的喜欢儿歌，有的喜欢小故事。人有千面，孩子们的阅读又何尝不是呢？作为老师的我们，一定要看到并认识到这一点，要根据孩子们的兴趣爱好，分门别类，分组指导，这样他们才会饶有兴趣、富有成效地进行整本书的阅读。

在我的班级里，每一个孩子都有自己的阅读清单。在一次阅读课上，我问小朋友："孩子们，你们读过哪些书呀？"话音刚落，孩子们纷纷举起小手，大家争先恐后地介绍自己读过的书籍名字。我给每人发了一张卡纸，让大家把自己看过的书的名字写下来，与伙伴们一起交流。35 张阅读清单放在我的办公桌上，一一呈现在我的眼前。孩子们阅读的书籍是如此丰富，每一个孩子阅读的书目各不相同。

小宇的阅读清单上写了《上下五千年》《孙子兵法》《三十六计》。小宇是我们班中识字比较多的男孩子。课余时间，我们常常能看到他在图书角安静看书的身影。据说，今年儿童节的时候，他爸爸特意办了一张读书卡，当作礼物送给他。

小熙的阅读清单上写了《格林童话》《安徒生童话》《中国神话故事》。小熙是很喜欢童话类书籍的女孩子。她不仅爱看书，课间还邀请几个小女孩一起扮演故事里的角色来完成任务呢！

看着看着，我发现了孩子们阅读清单中藏着的小秘密。男孩子喜欢阅读自然、历史、军事等题材的书籍，女孩子更喜欢读童话、神话、故事类的书籍。作为老师，我们要敏感地捕捉到这样的阅读倾向，从两个角度去引导孩子们阅读。其一，阅读的广度，我们提倡在小学阶段不能窄化学生的阅读面，让孩子阅读到丰富的优秀的儿童书籍，在不同题材的书籍中汲取不同的营养。其二，阅读的深度，我们要呵护学生的阅读爱好取向，引导他们围绕某一系列深度阅读，不断地探索与研究。

（二）合作式的阅读书目

走进我们的校园，南北走廊都是敞开式的图书架，上面放着各类书籍。课间，时常会看到这样的画面：几个小伙伴，聚在一起，看着同一本书。这是因为学校会根据学生的阅读兴趣，把兴趣相同的孩子组成一个阅读合作小组。阅读合作小组以"一个学期相对固定，每一学期开学重新组合"的方式开展活动。

阅读合作小组是自由组合的。例如某个学期初，学校推出了几个阅读小组：《神奇校车》（科幻类）、《中国神话故事》（故事类）、《三十六计》（历史类）和《儿童自然科学》丛书（写实类），每个孩子根据自己的阅读兴趣选择参加，相同爱好的同学组成阅读小组，在阅读的过程中互相鼓励，互相督促，互相竞争，每个小朋友还把家里的相关图书拿到班级图书角与组内同学交流分享。

在建立阅读合作小组的过程中，我们经常会碰到有的小朋友想参加两个小组，因为这两个小组的书目都深深地吸引着他，同时，家里的小书橱里已经藏有这些书了。这时候老师要尊重孩子的阅读兴趣，尊重孩子自己的选择，允许小朋友在两个阅读组内和伙伴们一起阅读、交流。

"我已经读到 26 页了，你们知道战舰航行的特点吗？"

"战舰上有哪些人？这些人的职责分别是什么？"

"你们觉得古代战舰上的舰长为什么可以惩罚船员呀？"

午间，几个小男孩围绕着《战舰的秘密》，正在交流着自己阅读的收获、感悟。在合作式阅读中，人人平等，没有"权威"，只要有问题、想法、体会，就可以召集伙伴们及时交流和分享自己阅读中的收获。

在我们学校的每一个班级都有这样一份独一无二的书单——合作式阅读书目。在不同的小组，阅读的书单不一样，大家彼此交流着，介绍着。有的书单的名字很特别，有以自己名字命名的，也有以自己喜欢的书中人物命名的，还有以故事类别命名的。各有特色而别具一格的书单，仅一个名字就让人兴趣盎然。

（三）班级里的阅读书单

个人书单、小组书目，关注的是孩子们的阅读兴趣和阅读深度，我和我的团队每学期根据孩子的身心特点、阅读能力、阅读要求，整理出班级或年级书单。在专家的引领下，全校的语文老师经过商讨，与教材对接，让学生投票，形成了一到五年级的阅读书单。孩子们只需拾级而上，在阅读中养成阅读习惯，培养阅读兴趣，提升阅读能力，同时不断丰富自己的内心，开阔自己的视野。

学校推出了"一阅读"平台，围绕共同阅读的书单，设计阅读打卡区、问答区、分享区、沟通交流区等区域，确保每一个孩子都在阅读，都能分享。例如，学生在阅读"神奇校车"系列之《神奇校车：在人体中游览》时，在阅读问答区提出了很多问题："男人和女人为什么长得不一样？""动物也能听懂我的话吗？"" 我的心脏为什么总是跳个不停，它为什么不感到累呢？" 这些看似简单的问题，怎样能用几句话就给孩子解释清楚呢？书中，神奇校车带领孩子们钻进胃里，滑到小肠，经由小肠绒毛的微血管，攀附在红血球上，再经由血液循环进入右心房、右心室到肺脏。接着，又循环回到左心房、左心室到大脑。然后，又往下到脊髓、腿部肌肉，由腿部肌肉内的血管再循环回到心脏、肺脏，并进入鼻腔。最后，借着打一个大喷嚏又回到现实世界。

每一次书单出炉，每个学生都会迫不及待地静心读书，然后到"一阅读"平台上打卡闯关。老师利用小调查或是入门小测试，通过数据分析，根据学生的阅读理解能力、年龄、偏好等，有针对性地梳理、调整、推荐阅读书单。

二、支架导航，学会深度阅读

整本书阅读与课文阅读有相同之处，在学生的整本书阅读中，需要引导孩子把课内的方法运用到课外的阅读中去。但是，整本书阅读因为文章篇幅长，学生阅读的时间也相对比较长，更需要一些新的阅读方法和技巧。

（一）读读画画法，理清整书脉络

思维导图是常用的阅读小工具。通过画思维导图，可以帮助小朋友理清阅读思路和整书的脉络。学生做出来的思维导图各式各样，有的从书的题目入手，因为题目就是文章的"眼睛"，能帮助孩子从整体上把握整本书的相关内容；有的从人物入手，许多书的主人公就是整本书的脉络主线，厘清这个主人公的性格特点，也就或多或少掌握了整本书的重点内容；有的从故事场景入手，把自己认为重要的，或是印象深刻的情节提炼出来，从而理清整书的脉络，纲举目张，把故事读到了心里去。

例如，在阅读《神奇校车：在人体中游览》时，孩子们在整体了解绘本内容后，在读书笔记上按顺序把器官画一画，写一写；在研究神奇的器官功能时，将器官名称和功能连一连，圈一圈；在探索最感兴趣的器官时，他们在笔记中把查寻到的资料，或复制粘贴，或摘录补充，用标签标识清晰。

读读画画把思维过程具象化，符合小学生的认知特点。把文字转变为画面，能加深学生对文字的理解，丰富学生的阅读想象力，提升学生的提炼概括能力。

（二）对照比较法，温故而后知新

阅读需要及时回顾，需要经常比较，这样，才会越读越有味道。在整本书阅读中，我们把对照比较法作为阅读的一种方法，不断地训练，使其逐渐成为学生掌握的阅读技巧。

对照比较法从标题目录着手，老师与学生一起，先读标题与目录，然后借助目录，将前后的内容对照着读。例如，在读《神笔马良》时，目录中有一条"神笔马良与铁臂阿童木"，引导学生回顾第一章节"神笔马良"中"马良的神笔怎么来的？有什么作用？"并进行对照，准确理解书的内容。

用对照比较法抓人物描写。老师引导学生在阅读中不断思考同一本书中作者描写不同人物个性特点的不同方法，以及不同的作家在不同的书中刻画有相似经历的人物时的异同。例如，《三国演义》一书中有"三绝"，即义绝、智绝、奸绝，通过对照比较三绝的所作所为，学生就能理解小说的精华所在，从整体上把握好一本书的精彩内容。

用对照比较法关注故事情节的展开。在阅读时，边读边回顾书中跌宕起伏的故事情节，前后的叙述特点。例如，《三打白骨精》中的一打、二打、三打就是最好的使用对照比较法关注情节推进的实例。

还可以引导孩子把同类主题的文学作品进行对照阅读。例如，同是写母爱，不同国家、不同时代、不同性别的作家，笔下的母爱有着千差万别。印度的泰戈尔和中国的冰心有什么相同与不同之处？他们之间又会有什么联结？再如，同样是写儿童成长岁月，林海音的《城南旧事》和卡罗尔的《爱丽丝梦游仙境》有什么异同？为什么有这些异同？

通过对照比较法，学生能够增长见识，提升辩证思维能力，从不同角度去认识事物。对照比较法，能让每个阅读者读读歇歇，读读想想，这样沉浸式的慢阅读，对读书人来说，真是一种享受。

（三）"一书四读"法，反复阅读悟真谛

在一节阅读指导课上，一年级的小朋友拿起绘本《一园青菜成了精》，一读再读，欲罢不能。第一遍读罢，孩子们纷纷说："这个故事好像在唱歌。""里面各种蔬菜之间的战争让人很想再读仔细一点。""这个插图颜色好好看，图也好有意思。"

是啊，这本绘本画风大胆夸张，特别是歪嘴葫芦放大炮那画面特有冲击力。看到孩子们阅读兴致高涨，我便趁热打铁："那我们再一起来字字过目地读一遍这个故事。"话音刚落，教室里就响起了此起彼伏的读书声。读完后，孩子们纷纷提议："老师，我们可以一起再读读写得很有趣的句子吗？"大家有声有色地分角色朗读，每一个孩子沉浸于"蔬菜的大战"之中。最后，孩子们三五成群，边读边配上动作，还有的小组配上音效。此时，教室里正上演着一幕幕稚嫩、有趣而又精彩的小话剧。

有趣的书籍自然而然吸引着学生，他们喜欢一读再读，反复咀嚼。在我们推荐的必读书中，大多是经典之作。经典之所以是经典，那是因为它的文学价值与现实意义非比寻常。我们对于经典的阅读绝不止于读过了，写过读后感了，而是要引导孩子带着任务、问题或支架，进入到"自主阅读"的状态之中。孩子们通过我们提倡的"一书四读"法，让经典深入骨髓，嵌入灵魂。

通读，即浏览、鸟瞰。第一次，翻阅浏览一下整本书，通过目录等大概了解书的内容与主要人物，有初步的印象。

精读，即有深度的细读，抓重点内容与人物，把故事读透，还可适当圈圈画画，摘录词句，帮助自己理解人物形象与故事内容。

品读，即在精读的基础上读懂人物，读通故事情节，选择自己感兴趣的"点"，写或画出自己的阅读收获与感悟。

"悦读"，即声情并茂地演绎故事人物及内容。把自己对整本书内容的深入了解化繁为简的同时，进行创造性的演绎或是复述，也可以是续编或是创编。

在进行《三毛流浪记》的整本书阅读时，孩子们先是通读，制作"我的阅读记录表"。这个记录表能培养孩子们的阅读习惯，让孩子们学会整体规划阅读时间。在精读后，通过"给作者写一封信"活动，让孩子们和作者建立对话，在此过程中了解张乐平爷爷写书的目的。场景和情节，往往是孩子在品读中第一步感知到的，因此在品读中，我们开展了"描述故事的场景"活动。《三毛流浪记》一书中，三毛形象非常突出，孩子们先从三毛的外表入手，对人物的外貌、性格进行描述，提升分析人物的能力，也加强了对书本内容的理解。最后的"悦读"中，又以"和我的生活建立联系"为主题，让孩子们把三毛和自己的生活作一个对比，从对比中更加体会和珍惜自己的生活来之不易，同时让孩子把阅读整本书的感受写下来，帮助孩子更加深刻地进行思考，了解历史，说出自己心灵的感动和震撼。

"一书四读"法，让每一个孩子由表及里地了解书中内容，引导孩子从"读到了什么，读懂了什么"到"感悟到什么，想到了什么"，告诉孩子好书要反复读，让孩子树立正确的读书态度。

三、分享展示，交流阅读成果

在我们校园的走廊、门厅、教室的展示板上，随处可见孩子们阅读的足迹。在午会课、班队课、校园集会时，随时能听到孩子们在交流自己的读书心得。浓浓的书香氛围，深深吸引着每一个孩子沉浸书海。在我的班级里，读书"四会"总是激发着每一个孩子的阅读热情。

（一）新书推介会

一月一次的新书推介会开始了，学生们手捧近段时间阅读的书籍走上讲台。你听，这个小朋友正在推介《资治通鉴》（少儿版），他一一介绍了作者、主要内容和读后感想，还声情并茂地朗读了其中精彩片段。最后他又说道："如果大家喜欢这本书，就请你和我一起阅读吧！"

为了让学生能够抓住关键要素来推介自己曾阅读过的好书，学校语文组还设计了新书推荐任务单（见表4-1）。

表4-1　新书推荐信息收集表

书名	荒野求生：中国雨林的惊天一跃
其他书名	

（续表）

作者	贝尔·格里尔斯
ISBN	9787544854061
出版社	接力出版社
出版日期	2018 年 5 月
作者来自	美国
绘图	
翻译	唐思雨
总字数	140000
年龄段	7—10 岁
标签	外国，冒险，自然，传记，原创

学生按照提示，摘录关键信息，准备推介台词。

在新书推介会上，小冯同学首先在黑板上写了一个大大的草体"冯"字，让同学猜测是什么字，再让同学点评自己的字，引出自己书写有"绝活"，顺势引出人物个个有"绝活"的一本书《俗世奇人》，最后引出这本书的"冯"姓作者——冯骥才。他又用漫画引出书中的人物个个有"绝活"，大家的兴趣顺势移向对"绝活"的了解上，也就是书的内容上来。

新书推介会上，学生交流的书籍是丰富多彩的，形式也各不相同。有的同学绘声绘色地讲书中有趣的小故事；有的同学声情并茂地为大家念上一段书里的精彩片段；有的同学津津有味地讲述着自己读书的感受；还有的同学充当小记者，采访一些未上台的同学，让他们与大家一同分享读好书的快乐。各种形式的书籍推荐引人入胜，激起了在场每一个人的阅读兴趣。

每次的新书推介会，我们会通过全班投票，选出三本最具人气新书，做成海报，张贴在班级、校园的读书交流栏中。与其说是新书推介会，更像是学生阅读交流的盛会。

（二）心得交流会

每天的晨读课时间，大家变身"小小朗读者"，分小组轮流分享读书片段与心得。心得交流可以分次进行，层层推进。例如，在阅读《中国古代神话》之《盘古开天地》篇目时，学生借助读书笔记，分阶段进行心得交流。第一次交流会，聚焦故事的主要内容，读原文，找联系，将盘古身体各部分与变成的事物连一连。第二次交流会，侧重人物的形象，画一画盘古变化前后的样子，抓住各个细节，一一比较。第三次交流会，引导学生注意文章在表达上的特点，体会巨人盘古的献身精神，感受我国古人丰富的想象力。一次次的交流，不断引导学生了解盘古开天地的故事内容，激发阅读神话故事的兴趣，培养想象力，用自己的话讲述主人公的神奇故事。

心得交流会上，人人参与，个个分享，不断促进学生进行课外深度阅读。

（三）小报展示会

在每一间教室里都有一个专用区域，那里张贴着学生五彩缤纷的读书小札记；在学校图书长廊，挂满了不同年级学生设计的读书摘记本；在学校图书馆门口，那一沓沓、一份份读书小报，都是每个孩子日积月累的阅读足迹。这些读书小报有个人设计的，有小组合作的，还有全班共同策划绘制的。

学生根据自己阅读的内容，定期进行小组或是个人读书小报的设计与制作。大家根据各自的特长与兴趣特点，可以小组分工合作，也可以独立完成。无论小报最终做成什么样，我们都会给孩子们提供一个平台——展示出来。从读书小报中，我们可以看出孩子们的潜力和创意。

（四）绘本连写连画发布会

每年的阅读节，我们都有一个传统的任务：每个年级确定一个主题，让每一个孩子参与到阅读创作之中。学生将阅读收获应用于创作之中，在创作中又激发其深入阅读的热情。

学生围绕主题，确定连写连画的标题，以小组为单位，每名学生围绕主题，结合之前同学的思路，进行为期一个月的创作，或续写，或画画，全班三十多段文字，三十多幅画面，组成一本本精致的"小书"。班级、学校在此基础上会开展为期一周的绘本连写连画发布会。例如，建党100周年的"红色追梦人"主题阅读文化节，其中有一个项目是学生的绘本续写活动。选择"红军二万五千里"内容阅读的学生，创作了《我们都是小红军》《小红军的一日生活》等作品，爬雪山、过草地、挖野菜、啃树皮……学生用自己的文字和画面展示了小红军不怕困难、不怕牺牲的精神；选择"抗日战争"内容阅读的学生，创作了《我是抗日小勇士》《小小特工》等作品，虽然文字稚嫩，画面简洁，但字里行间透露的都是中国人的气节。

绘本续写是阅读创作的接力活动，是阅读的延续和拓展，是营造书香班级的黏合剂，是激发学生阅读与创造的动力源，更是学生阅读与创作融合的大平台。

"鸟欲高飞先振翅，人求上进先读书。"作为教师，我们不但引导学生学会阅读整本书，养成良好的阅读习惯，还引领学生走进书的海洋，体会语言文字的无穷魅力。我们通过书籍为学生开启一扇心灵之窗，让孩子在读书中感受到学习的快乐，提升其阅读品位，为其精神打底，为其人生奠基，为其书香校园增添一道亮丽的风景。

第二节

群文阅读的结构化

"树叶绿，树枝青，青树枝上落黄莺。"这是一年级的孩子在读儿歌，今天，他们要在阅读中寻找四季的颜色呢！你瞧，这是一年级的一份阅读策略单（见图4-1），围绕"四季"，一年级的老师为孩子们选择了三首儿歌，让孩

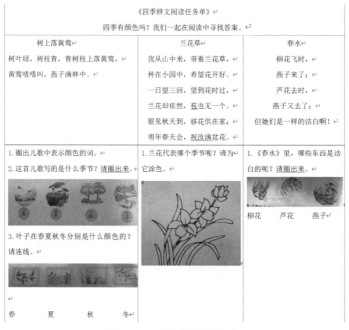

图4-1　群文阅读任务单

子们在儿歌中寻找四季不同景物的不同颜色。将几篇文章组合起来，进行有目的、有计划的阅读是不是更有趣？

如何围绕一个中心把多篇文章组合在一起开展群文阅读呢？群文阅读这种阅读形式看上去给了教师选择材料、组合材料、呈现材料极大的自主权，但是，这也对教师能力提出了更高的要求。

一、群文主题因材而生

刚看到"群文阅读"这个概念时，老师普遍认为：群文阅读只是在课堂上，将几篇文章拿出来让学生读一读，说一说。群文阅读的空间就局限于课堂中，局限在这段时间进行的阅读活动中。随着对新课标的深入研究，我们对群文阅读有了新的认识、新的研究。

（一）全校围绕同一个概念

"自然"是人类永恒的话题，"自然"也是我们部编版语文教材中不可缺少的主题。从一年级到五年级，每一册书中都有一个单元是关于"自然"的。因此，我们就围绕"自然"这个话题，在每个年级展开群文阅读。一年级的学生声情并茂地读着关于"四季"的诗歌，在诵读中，他们了解四季不同的特点，爱上大自然。

你听，教室里传来整齐的读书声：

滴答、滴答，下雨啦。

种子说："下吧下吧，我要发芽。"

......

孩子们的读书声犹如这春雨,滴滴入人心。他们在有节奏的朗读中,感受春天桃红柳绿的画面,感受春雨滴答的悦耳。走进教室,看到孩子们摇头晃脑地背起了古诗:"泉眼无声惜细流,树阴照水爱晴柔。""毕竟西湖六月中,风光不与四时同。"同是杨万里的诗,孩子们用自己的声音表现出初夏与盛夏不同的风景。初夏时分,一只蜻蜓立在刚刚冒出嫩芽的荷叶尖上。而到了盛夏,满池的荷叶,映衬着盛开的荷花,别提多壮观了。

二年级学生围绕"自然的秘密"科普小短文,互相交流自己的阅读所得,在探讨与分享中对自然产生了浓厚的兴趣,从而激发去探索大自然奥秘的热情。三年级学生讲"我与自然"的小故事,说一说自己与自然的关系如何密切,从而有意识地保护大自然。四年级学生读"自然之美"的记叙文,通过分享故事会,学生在想象中感受自然美景,赞美自然。五年级学生读"自然的变化之美"的散文,通过赏析,感受大自然的神奇变幻,学会留心观察,用心体会。

关于"自然"这部分,教材中对学生的要求是螺旋上升的,而我们以年级为单位的群文阅读配合着教材的内容,无论是知识结构上,还是在文学、审美及情感上,也是螺旋上升的。群文阅读突破了时间与空间的限制,实现了不同年段间的纵向贯穿。

(二)不同年级围绕不同概念

构建群文阅读的依据可以是单一的主题,也可以是多元主题的贯穿与融合。在同一个年级,我们可以实现不同主题的横向贯穿。例如,四季有不同的颜色,那不同季节中的动物又有什么表现(见图4-2)?

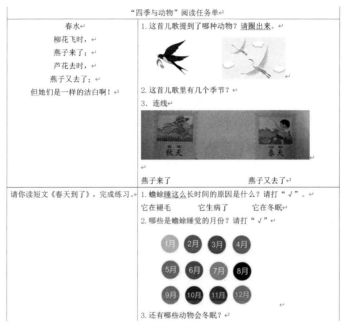

图 4-2 "四季与动物"阅读任务单

四季的主题除了与动物相结合，还可以与颜色相融合，不同的结合方式擦出了不一样的火花。孩子们在主题的横向贯穿与融合中，了解了四季颜色的特点，知道了四季中动物不同的表现。

每到 12 月份，那就是学校最热闹的时候，因为这是一年一度的迎新月。每个年级的迎新活动都有一个主题。一年级是"感恩大自然"，二年级是"感恩同伴"，三年级是"感恩父母"，四年级是"感恩师长"，五年级是"感恩社会"。学校侧重人文情怀，立足现实生活的需要，构建群文阅读主题。不同年级学生的认知水平和阅读能力不同，为其选择的群文阅读的主题也不同。

一年级老师围绕"感恩大自然"，选择了《小白兔》《小蚱蜢》《小蝌蚪》《蝴蝶飞》《小蜘蛛》《小青蛙》这几首儿歌。每当读到儿歌《小白兔》时，小朋友们就会情不自禁地将手比划成兔子的耳朵，放在脑袋上，嘴里念着儿歌，一蹦一跳，就像一只只活泼可爱的小白兔。当念着《蝴蝶飞》时，孩子们又会化为一只只轻盈美丽的蝴蝶。他们扇动着手臂，一会儿飞到这儿，一会儿飞到那儿，这里飞飞，那里停停，教室仿佛变成了一座大花园。《小青蛙》这首儿歌是他们最喜欢的，因为青浦世外的学生被亲切地称为"小青蛙"。学校里随处可见各种造型的瓷器青蛙，蹲在书包柜上的"青蛙"，敬礼的"青蛙少先队员"，手拿话筒唱着歌的"小青蛙"，背着旅行袋去徒步的"青蛙"。只要念到这首儿歌，小朋友们就会摆出他们最喜欢的青蛙造型。小朋友们读儿歌，感受到了韵律美，还了解了不同小动物的样子和行为特点。

四年级老师以"感恩师长"为主题，选择了《大仓老师》《老师领进门》《爸爸的老师》这三篇文章。在群文阅读中，学生们通过阅读描写老师动作、语言和神态的文字，感受到了不同老师的特点，从而体会到了作者对老师的情感。在群文阅读的强化下，学生也学会了借鉴与模仿，于是他们用自己手中的笔回忆了与老师的点点滴滴，写下了对老师要说的话。

二、群文内容因生而成

确定好了主题，又该如何选择群文的篇目呢？群文阅读教学中，十分重要的一点就是要选择群文阅读的篇目，如何恰当地选择一组文章，是群文阅读目标达成的关键。

（一）设定主题，学生自主选择

都说兴趣是最好的老师，那从孩子的兴趣出发，孩子们想要读些什么呢？我们不妨组织一次小型的讨论会，听听孩子们会选什么篇目。

部编版语文教材四年级下册第三单元中的课文都是现代诗，这个单元的综合性学习要求举办一次诗歌朗诵会。四年级的孩子们正热火朝天地讨论选哪些诗歌来举办朗诵会。有的小组确定了"爱国"为主题的诗歌会，有的小组确定了"友谊"为主题的诗歌会，有的小组确定了"感恩"为主题的诗歌会。大家根据各自的主题纷纷发表自己的看法。以"爱国"为主题的小组，讨论得尤为热烈。小曼说："我选择《追梦少年》这首诗，因为这首诗讲了少年为了振兴国家而努力拼搏的理想。"小悠说："我选择《黄河颂》这首诗歌，因为作者借助黄河这条母亲河，表达了对祖国的热爱。"小悦说："我推荐《祖国感谢您》这首诗歌，它表达了我们对祖国的感激之情。"经过组员们的热烈讨论，大家最终确定《追梦少年》《英雄》和《我爱你中国》这几首现代诗，因为这些诗歌里面既有对家国的深情，又有对英雄的歌颂与呼唤，还有少年敢梦敢拼的理想。

将选择篇目的主动权交给学生，不仅大大激发了孩子们对诗歌的热爱，还让孩子们在选择群文篇目的过程中发现这组篇目之间的联系。孩子们在推荐和筛选中，阅读能力不知不觉中就得到了提升。

（二）依据学情，教师精心选文

群文阅读中，文章篇目的选择，教师永远是主心骨。教师以其丰富的经历和经验为学生精心选择篇目。

怎样选择群文阅读的篇目，才能使阅读变得高效呢？部编版教材三年级上册第四单元是"预测"策略的单元。单元中的三篇课文让孩子们知道，可以根据题目、插图去进行预测，也可以联系上下文和生活实际去预测。那怎样检验孩子们是否已经掌握了"预测"这个阅读策略呢？群文阅读就是一个很好的方法。我选择了《卡夫卡变虫记》（见图4-3）和《兔子的名片》（见图4-4）这两则故事，不仅是因为它们生动有趣，容易吸引孩子，更因为《卡夫卡变虫记》是根据人物的特点进行预测，这与《胡萝卜先生的长胡子》这篇课文有相通之处，而《兔子的名片》是根据情节单元的反复进行预测，这与《总也倒不了的老屋》这篇课文的结构相似。

卡夫卡变虫记
【美】劳伦斯·大卫

早晨，卡夫卡一觉醒来，发现自己变成了一只超级大甲虫。

他用六条腿拖着笨重的身子，急急忙忙跑进了卫生间。他的甲虫爪子踩在瓷砖上，发出咯嗒咯嗒的响声。卡夫卡洗洗脸，刷刷嘴里伸出来的大尖牙。

"卡夫卡！快点好不好？"妈妈大声喊。

卡夫卡一不留神，乒乒乓乓地在楼梯上打了几个滚，摔倒在地。他六脚朝天躺在地上，虫腿在空中乱踢，折腾了好半天，他才抓住楼梯扶手，翻过身，让爪子着地。

卡夫卡慢慢悠悠地朝学校走去。他发现，有了四只手，拿书包和饭盒可就轻松多了。这两只手累了，就换另外两只。

上课的时候，老师问大家二乘三等于几。"六！"卡夫卡喊道。"来，到黑板上演示一下。"卡夫卡画了一只六条腿的椭圆形甲虫，一边三条腿。"两个三就是六。"他解释道。

……

我猜接下来卡夫卡会……我的依据是……

图4-3　《卡夫卡变虫记》文本

兔子的名片
文／周锐

现在大家都时兴用名片了，兔子也有了名片。在口袋里装着名片，兔子心想："这下再不怕那些欺负人的家伙了。"

正想着，迎面遇见了狐狸。狐狸拦住兔子，说："想过去吗？得对我笑三笑，还笑得讨人喜欢些，明白吗？"

兔子不慌也不忙。他"唰"地从口袋里掏出一张名片递过去："狐狸先生，请多照应吧！"

狐狸一看，名片上印着：狼的朋友——兔子。

狐狸顿时吃了一惊，心里嘀咕着："没想到兔子成了狼的朋友了，狼那家伙可不好对付。"

狐狸便对兔子说："你真会交朋友！我可要走了。"

兔子拦住狐狸说："你得对我笑三笑。"

"行，行！——嘻嘻！嘻嘻！嘻嘻！"

狐狸走掉以后，兔子忍不住大笑起来，而且根本不止笑三笑。

可这时兔子看见狼向他走来了。"啊！兔子，"狼不满意地说，"按老规矩你该向我鞠三个躬。"

兔子点点头，把自己的名片递过去。不过这张跟刚才那张有点两样，上面写着：老虎的朋友——兔子。

狼当然不敢得罪老虎。为了避免跟老虎结冤家，狼只得向兔子鞠了三个躬。

狼走掉以后，兔子又想大笑一阵，但没来得及……

我猜接下来兔子会遇到……我的依据是……

图4-4　《兔子的名片》文本

以上是一位三年级语文老师在群文选择时的思维铺展，他以课文单元重点为依据，以三年级学生阅读能力为基础，以拓宽阅读量和有新的收获为目标进行筛选，挑选出群文阅读合适的篇目，从而使得阅读变得更高效。

（三）结合课标，教研团队选文

新课标对群文阅读提出了集体构建的思想。集体构建就是将参与者的见解，通过讨论、比较后整合成整体理解的过程。这是一个探究的过程，同样也是一个实践的过程。

五年级第一单元是围绕"童年"这个主题进行编写的，在教研活动中，我们发现《古诗三首》中的三首古诗都是从成人的角度来看儿童的，而之后《少年闰土》《祖父的园子》和《月是故乡明》都是作者自身的童年经历。那群文设计就可以将两条线进行组合：从成人或儿童的角度看童年。以下就是我们进行归类筛选后的群文阅读篇目（见表4-2）。

表4-2 部编版语文教材五下第一单元群文阅读篇目

从成人的角度看童年	从儿童的角度看童年
《牧童》	《冬阳、童年、骆驼队》
《舟过安仁》	《童年的发现》
《童年的水墨画》	《我想》

集体的智慧是无穷的，集体的力量是强大的。有老师提出：开展群文阅读时，可以和孩子讨论"童年的快乐体现在哪里"，让孩子们在阅读中发现童年有趣难忘的事，自由自在的感觉，天马行空的想象，以及好奇冒险的探索经历。还有老师提出，可以和孩子讨论"如何写出童年的快乐"，如童年时好玩的动作、有趣的话语和稀奇古怪的想法等。群文阅读在集体力量的作用下，激发了教师的热情，开拓了教师的思维，同时也为语文教育实践打开了新世界。

三、群文阅读因文而异

群文阅读，顾名思义就是将多篇文章组合在一起的阅读。在教学中，老师往往会有这样的感受：如果每篇文章都花同样的力气去讲解，去分析，恐怕教学时间不够。如果只是蜻蜓点水，一带而过，那群文教学的效果就微乎其微，没有意义。那么在教学中，这些组合在一起的文章该如何着力呢？是平均用力，还是有所侧重？以我们的实践经验来看，可以用"由浅入深，深入浅出"来概括。

（一）群文阅读让阅读由浅入深

"老师，我觉得祥子是一个健壮的人。"

"老师，我觉得祥子是一个有精神的人。"

……

这是五年级第二学期第四单元的一篇课文，这个单元的主题是让学生从人物的动作、外貌等细节描写中体会这个人物的特点，从而体会作者表达的情感。当学生们踊跃发言时，一个声音突然冒了出来。

"老师，为什么祥子会觉得自己长这样就很好？又为什么说他很乐观呢？"

是啊，祥子的审美标准和如今我们大众的审美标准完全不一样。在那个特定的年代，特殊的环境下，身为一个车夫的祥子，他最在意的就是身体是否健壮有力，这是在他看来最满意的样子。可是怎样才能让学生真正理解呢？而祥子的乐观，学生似乎也无法从这简短的片段中真正感受到。

这不正好可以来一次群文阅读吗？于是，我将《骆驼祥子》中，关于祥子三起三落的片段摘录出来，这些片段就是群文阅读的素材。学生读了祥子的三起三落的片段，通过阅读祥子的经历，感受到了他内心世界的变化。

在这样一组群文中，我们不仅仅是抓住教材中语文教学的要求，从人物的外貌感受到人物的性格特点。同时，我们适时组织群文阅读，帮助学生更加全面地了解这个人，使他们对于作者为什么这样写这个人物，怎样写出人物的特点也有了更深入的了解。借助群文阅读，我们还可以深入读懂同一个作者的不同文章，或是同一个作者所写的不同片段，让学生的阅读由浅入深，让学生的认识由浅入深。

（二）群文阅读使阅读深入浅出

"一片土，一棵树，一块田……它们使我的眼睛舒畅，使我的呼吸畅快，使我的心灵舒展。我爱这春回大地的景象，我爱一切从土里来的东西，因为我是从土里来的，也要回到土里去。生命，无处不是生命。"这段文字出自巴金的《筑渝道上》，是部编版教材五年级上册《鸟的天堂》一课的阅读链接。

"孩子们，读了这段文字，你感受到了什么？"

"我感受到了巴金先生对生命的热爱和赞美。"

"你怎么感受到的？"

"最后一句话说：生命，无处不是生命。"

生命，这么深厚庞大的主题，学生真的能从巴金这段短短的文字中感受到吗？我相信无论是老师还是学生一定都想知道巴金的《筑渝道上》究竟写了一些什么，让他发出这样的感叹。

于是，我去查阅了《筑渝道上》的内容，并选择其中几篇组合成了群文让学生一起赏析。学生在比较中发现《鸟的天堂》这篇课文，巴金写了两次

去鸟的天堂时不同的见闻。而《筑渝道上》中,作者是根据旅行的顺序,将山中景物的不同变化展现在我们眼前,让我们感受到山道的美妙。

"四面都有小丘,平地是绿的,小丘也是绿的。一轮杏黄色的满月,悄悄从山嘴处爬出来,把倒影投入湖水中。""老师,我从作者的描写中感受到山中月夜的幽静。绿色的小丘,杏黄色的月亮,这色彩搭配让人觉得很美。"

"山全是绿色,树枝上刚长满新叶,盛开的桃李把它们的红白花朵,点缀在另一些长春的绿树中间。一泓溪水,一片山田,黄黄的一大片菜花和碧绿的一大块麦田……"学生声情并茂地朗读着这段话。

"老师,我觉得这里的春天真美,生机勃勃的。"

"我仿佛也置身在这片油菜花田中。"

……

"生命"这个伟大而深厚的主题,在群文阅读的助力下,学生通过朗读,感受到了巴金对生命的热爱;通过赏析,体会到了他对生命的赞美,也从直观上感受到了生命的意义和生机。这是单篇文章所不能触及的。

(三)以点带点,丰富阅读世界

华罗庚曾经说过,读书的真功夫在于"既能把薄的书读成厚的,又能把厚的书读成薄的",这句话值得我们好好体会。"读薄"是指读书偏重于求深度,"读厚"则偏重求宽度。从读书方法上说,"读薄"需要开掘、蒸馏;"读厚"则需要拓展、杂糅。从表面上来看,群文阅读似乎是"读厚"的过程。你看,由单篇到多篇,内容增加了,篇幅变长了,我们用群文阅读的方式,来增加孩子的阅读量,从而丰富孩子的阅读世界。实则不然,群文阅读实则是一个先由薄到厚,再由厚到薄的过程。

华罗庚说过，将书"读厚"要求对相关联的人、事、理、知识点作横向联系，并力求在"越界而读"上下足功夫，以架构立体式的知识网络，优化视野结构。学者林非曾经告诫读书人："整个读书的过程，应该表现成一种循序渐进的态势，从点到面，不断地扩展。"群文阅读亦是如此。

部编版教材四年级上册第四单元是神话单元。这个单元中，学生通过诵读文言文《精卫填海》，感受到精卫坚持不懈的精神；读《女娲补天》和《盘古开天地》，感受到了女娲和盘古为人类造福的精神。在这个单元中，我们结合学校的摩天轮阅读 App，补充了许多的神话故事，组合成了一组数量相对较多的群文阅读。每周五，学生会兴致勃勃地等待着活动的开始，自己读神话故事，听小墨老师讲神话故事。App 中不仅有中国的神话故事，还有国外的神话故事。我们经常能在课间或午休时听到学生在交流自己的读书感受。

"我最喜欢后羿，他真厉害，射掉了 9 个太阳，要不然，我们现在就要被晒死了。"说完，这个小男孩还用手扇了扇风。

"我喜欢神笔马良，他用自己的笔惩罚了财主，还用他的神笔造福百姓。"说完，她也用手上的笔一挥，好像自己就是马良。

另一个孩子两眼闪着光说："我喜欢八仙过海，他们各有自己的本事，我也希望自己能有超能力。"

"那你们有没有发现，中国的神话故事有什么特点？"老师提出了一个问题，同学们安静下来，若有所思。

"想象力丰富！"

"故事中的人物都有超能力。"

"都寄托了人们美好的愿望。"

学生议论纷纷，他们从神话故事中感受到了真、善、美，也感受到了人们对美好生活的向往和追求。事实上，群文阅读通过以点带面，将书读厚，培养了学生融会贯通的能力。我相信，有了这样的基础，他们再读国外的神话故事，甚至到五年级读民间故事时，无论是对内容的理解，人物的解读，还是主旨的体会，都会游刃有余。

（四）由此及彼，催生阅读智慧

将书"读薄"，是一桩苦差事。以前在报纸上读到这样一段文字：有学生在美国斯坦福大学进修时，学校要求学生每周阅读一本厚厚的中世纪的哲学巨著，一周大概要读上 1000 页。到了周末，学生要把读到的内容中无关紧要的统统去掉，只留下最根本、最重要的两页。到了下一周，阅读又从另一部巨著开始。这样一来，学生所读过的哲学思想就自然会留在脑海里。

小学语文课本中，有一类课文特别多，那就是写人叙事的文章，如《少年闰土》《军神》《刷子李》等。《少年闰土》中，鲁迅回忆了与闰土在一起的许多事，其中"月下瓜田刺猹"这个场景中，对闰土的动作描写，表现了他是一个勇敢敏捷的孩子。《军神》讲了刘伯承忍受剧痛，不用麻醉剂进行眼部手术，课文通过对刘伯承的语言、神态描写，表现了他的刚毅与镇定。《刷子李》讲述了赵小三跟着刷子李干活，见证了他高超的刷墙技艺。如果将这一类文章组合在一起让学生读，又会碰撞出怎样的火花呢？

在回忆学习经历后，孩子们总结出：要体会这一类文章表达的思想情感，首先就要了解课文写了哪些内容，再进一步结合人物在事件中的具体表现来体会课文表达的思想情感。而人物的表现是通过描写人物的动作、语言、神态和心理活动来呈现的，抓住人物在特定情境中的各种表现可以提炼出人物的特点。

我们将这几篇不是同一个单元的文章组合在一起，在二次阅读中帮助学生梳理出一条读懂这一类文章的基本路径。那就是先归纳文章主要内容，然后通过人物的细节描写或思维过程，提炼人物的特点，进而去体会课文表达的思想情感。

在这个过程中，学生不再是将文章当故事读，只关注情节是否精彩，是否生动，而是在"读薄"的过程，不断过滤、不断凝练、不断蒸馏，最终去粗取精、去伪存真，直达事物的本质。这样的群文阅读，就能获得"雁过留声""水过留痕"的效果。

学校有这样一组数据：孩子们一学期至少读 10 本书，一学年就是 20 本书，低年级学生一学年平均阅读 10 万字左右，中年级学生一学年平均阅读 40 万字左右，高年级学生一学年平均阅读 140 万字左右。阅读是一种习惯，一种时尚。我们的孩子不仅阅读量很大，而且阅读的内容也很丰富，绘本故事、优美诗歌、经典名著、人物传记、神话传说、童话故事、科幻小说，都是他们喜欢的阅读题材。在这里，我们用群文阅读的方法让学生进行有目的、有计划、有方法的阅读，从而发展学生的阅读能力，提升学生的文学鉴赏能力，丰富学生的人文素养。

第三节

在项目化学习中阅读

自从做了一名语文老师，几十年来我都有一个习惯，就是聆听孩子们的晨读。在晨光消散时，学校走廊里传出读书声，美好的一天又开始了。"'目'字这样写，一笔竖，二笔横折，三笔横，四笔横，五笔横。'日'字这样写，一笔竖……"一年级的同学正在读着"目"的笔画，忽然一个小小的，有些顽皮的声音窜出："老师，老师，你看这个'鸟'字，跟鸟长得好像啊！"

陈之华[1]所著畅销书《芬兰教育：全球第一的秘密》中有一个片段：当她无意间问到芬兰人民，到底是什么原因，让他们的阅读可以如此优秀？当地人通常会一本正经地说道："因为芬兰文的读音和文字相符合，你读的就是你写的，你写的就是你读的，所以学生对母语的认识并不困难。"

这不禁让我想到"鸟"字与大自然中的鸟很像，中国的造字法之一便是"象形"，也让我想到在中国这个拥有上下五千年历史文明的国度，我们对它的"阅读"是否可以追根溯源？当今正在开展项目化学习，我们何不以此为突破，用解决问题的方式，带着探索中华文明的兴趣与任务，对中国的历史

---

[1] 陈之华，英国曼彻斯特都会大学视觉传播硕士，在芬兰等各国游学的自由作家。

文化展开阅读，在阅读中寻找到自己的根脉。

一、阅读素养为核心

记得第一次遇到"项目化学习"是在一个夏天，学校的报告厅座无虚席，台上夏雪梅博士[1]在做讲座，文字组成的语句都蹦跶着"新鲜"与"活力"。"项目式学习，是学生在一段时间内对于学科或者跨学科有关的驱动性问题进行深入持续的探索，调动所有知识、能力与技能，创造性地解决新问题，形成新成果。在此过程中逐渐形成对核心知识和学习历程的深刻理解，能够在新情境中进行迁移。"这是一段学术性非常强的名词界定，在对这段话理解后，让我明白"学科核心知识""学生经历自主探索"与"创新的学习成果"是这种学习方式的主要元素。

我将自己的理解告诉了语文备课组长们，引起了大家的共鸣。于是，我们将项目化阅读学习锁定在了教材之中。

（一）基于目标的项目化拓展阅读

又到了周一，走进二年级的教室，我看到孩子们三五成群围在一起"窃窃私语"。他们的平板电脑屏幕上都是各种各样的说明书，有微波炉使用说明书、有感冒灵颗粒说明书、有按摩椅使用说明书……

我轻声问："你们都在阅读什么呀？"几个同学告诉我，他们为了能够介绍已经制作完毕的"给孕妇妈妈的工具"，正在学习研究说明书的撰写方法。真

---

[1] 夏雪梅，上海市教育学科研究员，普通教育研究所课程与教学研究室主任。

好！枯燥的说明文，在这里是他们用来创造的工具。更让人惊喜的是，经过他们再三修改、调整，两周后，我看到了一张张图文并茂、有趣易懂的说明书。

在项目化学习中，每一个主题下面会跟随着几项任务。阅读需要任务的引领，学生会为了解决一个问题，完成一项任务去寻找资料。此刻的阅读是主动的，即使是阅读非连续性文本，他们也会聚精会神地读，津津有味地品。那一份份图文并茂的"给孕妇妈妈的工具"说明书，使阅读成为催化剂，变枯燥为生动。由此，全体语文老师形成了这样的共识：在语文项目化阅读中，更需要关注孩子创新意识和创造能力的培养，让孩子带着目标阅读，效率才会提高。

（二）基于教材的项目化拓展阅读

传承优秀传统文化是我们语文教师的首要职责，也是我们每一名教师的主要任务。除了语文学科外，自然学科的四大发明、数学学科的算筹、美术学科的国画、音乐学科的戏曲等，教材的丰富性让我们都看到了设计项目化学习的可能性。可是我们该选择什么样的内容开展这种创新式的阅读呢？

"你看这个'鸟'字，跟鸟长得好像啊！"这一句话开启了语文项目化学习的大门。部编版教材在小学低年级强调字理教学，不仅要求学生认识这个字，也重视让学生去了解与感受字的由来。于是，我设计了第一个语文项目化学习主题"我们的造字术"，以此为主题带着孩子们踏上项目化学习之旅。

围绕"造字"主题，一年级小朋友的学习热情被激发出来了。有的小朋友看图造字，有的小朋友读字画图，还有的拿来了甲骨文课外阅读书与伙伴们分享，孩子们尽情地去"考古"汉字的由来。慢慢地，他们也悟到了一些字理，感受到了汉字的魅力和每一个汉字背后故事。孩子们在探索他们所感兴趣的字的由来的同时，又造出很多心中的汉字。这正体现了项目化学习中关于"用学习经历与所学知识进行创新"的要求。

项目化阅读主题的由来，是基于教材和体现单元核心要素的，也符合学生的认知规律。项目化学习的开展要以学生广泛阅读为前提，教师要善于挖掘"与教材有联系，让学生感兴趣，学习方式要符合解决问题为导向的主动学习"的阅读内容主题。

（三）基于儿童的项目化拓展阅读

唐朝刘知己在他的《史通·直书》中写道："然则历考前史，征诸直词，虽古人糟粕，真伪相乱，而披沙拣金，有时获宝。"说的是他在考证历史的过程中的心得，虽然搜集的证据真伪难辨，有时还模糊不清，但如果能够细心地琢磨下去，就像在沙地里找金子一般，会有不少收获。适合孩子阅读的内容，才是项目化学习过程中最重要的阅读材料。

一年级学生，语文学习以认字写字为主要任务，我们选取《日月水火》《日月明》《小青蛙》《动物儿歌》这4篇课文，作为"造字"的学习内容。

二年级的学生，在一定识字量的基础上，他们想阅读更多的书籍，老师将目光聚焦于《中国美食》，这个内容的"创造"一定不同凡响，能够激发学生的探索与实践。

三年级学生在认知上慢慢从具象向抽象转变，借助教材中《纸的发明》《赵州桥》《一幅名扬中外的画》等课文，教师设计了"工匠在哪儿"的项目化学习任务。

四年级教师围绕《黄继光》《小英雄雨来》两篇课文，带着孩子探寻英雄的含义。

五年级教师根据课文《草船借箭》《景阳冈》《猴王出世》《红楼春趣》

来设计项目，引导孩子们走进四大名著，感受文学魅力。

我们尊重儿童的需求，以"创作"为目的，挑选出每一个年级的项目化阅读的学习内容。学科项目化学习的阅读材料，不是凭空想象，不能随手拈来的，而是需要依据教材，从单元出发，围绕单元要素，对教材进行补充，支撑学生建立大概念，如"工匠精神""英雄""中华美食"，帮助学生掌握和巩固在教材学习中习得的态度、方法和能力等。因此，我们要精挑细选，要披沙拣金。

二、阅读兴趣为动力

我走进平时无人问津的五楼洗手间，看到孩子们的"秘密"。他们戴着防护手套、小安全帽，借助小工具将一扇门的螺丝给拧了个精光，兴奋之余，竟然还请我站在边上做"保安"，为他们保驾护航。原来他们在探索门的铰链的机械结构。

这是发生在办校第二年的场景。每周一围绕项目化主题式探索的课程渐渐进入正轨，孩子们"玩"得不亦乐乎。校园处处是课程，校园时时可阅读。为了让这样的场景发生在语文阅读项目中，针对话题的探寻与出现的时机，我和团队进行了推敲与琢磨。

（一）阅读在项目化学习中的迭代升级

唐朝韩愈的《讲学解》中写道："沉浸醲郁，含英咀华。"意在天下好文名诗，需要慢慢咀嚼其中的精髓。当下，我们又该如何依据教材内容，选择孩子们感兴趣的话题，嚼出它的内涵，帮助他们激发阅读的兴趣呢？于是，我们语文学科组进行了项目化学习2.0的重新架构和设计。

一年级的"造字"已是很有趣了，可是我总觉得缺了点追根溯源的内容。于是我们对语文项目化学习进行了 2.0 版的研究和重组，把"我们的造字术"升级为"再遇'仓颉'"。我们设计让孩子们与造字的先祖来一场神奇的相遇，跟随他走一场人类造字的旅程。

"舌尖上的'青浦世外菜系'"成为二年级"色、香、味"俱全的话题，这是因为孩子们在《中华美食》一课的字里行间读到了关于"菜"的美味，也来自于学生的交流中，产生了对"美食创造"的向往。

"能工巨匠"是三年级研究的话题，鲁班锁、造纸术、桥的结构，这些知识引起了孩子们的兴趣。他们难以抑制搭一搭、试一试的心情，对于这背后的工匠精神更是无比向往。

"你眼中的'明星'是谁？"这是四年级"我们的'英雄'人物"的话题。当代学生，在那些"俊男靓女"中，能否找寻到"明星之所以璀璨"的真正原因，这便是本次探索的真意。

语文学科项目化学习 2.0 版，从表面上看，主题名称上更有趣，更贴近儿童，但从深层次的任务安排和活动设计角度来看，更有挑战性。

（二）阅读在项目化学习中的巧妙设计

不论是火烧赤壁时借的东风，还是草船借箭时踏的大雾，诸葛先生的妙算都离不开时机。项目化学习亦是如此，再优质、再有趣的话题若是直愣愣地"摆"在孩子们的面前，那就像敲碎了的阿拉丁神灯，孩子们会失去探索的激情。因此，语文阅读项目话题和阅读材料的出现需要讲究时机。

在与其他老师商议关于阅读"时机"的问题时，五个年级拟定的话题就摆在我们眼前的电脑屏幕上，如何激发懵懂的孩子产生探索的兴趣呢？"您是如何爱上文学的呢？”同事的发问打破了思考时的宁静，我回忆片刻后答道：“可能是我的想象力过于丰富，导致我看到的文字都是彩色的。”这“想象力”三个字的出现，让我的身板一立，文学的魅力不就在于读出其中属于自己的“天”与“地”嘛。在项目的引入环节就展现阅读给孩子们所带来的畅想魅力，定能激发起学习的兴趣。

再来看一看四年级“我眼中的‘英雄’人物”的设计，将以想象为主线的话题引入活动，孩子们在想象“能够与某一位‘明星’对话”的活动中，发现“明星”类别繁多，除了歌星影帝，还有作家、科学家，也渐渐发现“英雄”之所以长存，天上星河之所以能以一些科学家命名的深意，从而自觉自愿地深入探索关于“英雄”人物的故事。

孔子曰：“不愤不发，不悱不启。”教育需要好时机。通过四年级“我眼中的‘英雄’人物”的项目化学习设计，我们可以感悟到如何触摸阅读时机的关键：其一，当孩子把概念理解到位了，想深入探究时，阅读的时机到了；其二，当孩子产生浓厚的兴趣，并能自觉自主地想借助资料完成任务解决问题时，阅读的时机到了。“好雨知时节，当春乃发生。”此刻的阅读，就如及时雨。

三、任务驱动乐阅读

我从小就爱读四大名著，尤其是《红楼梦》，从孩提到站上讲台成为教师，年复一年我总会一遍又一遍地欣赏故事的情节，感受荣国府、宁国府的兴衰，体会人物的命运。这是章回小说扣人心弦的魅力，是经典著作的魔力。

同样，在语文阅读项目中，层层递进、充满探索的任务内容，也应该是项目中的要素之一。

（一）逻辑清晰的任务设计

在《西游记》中若没有"官封弼马心何足，名注齐天意未宁"，何来"乱蟠桃大圣偷丹，反天宫诸神捉怪"，所有的安排都是"最好的铺垫"。在语文阅读项目化学习中，逻辑清晰的任务设计能够让学生接着话题，一环又一环地往下深入探索。

科学老师拿着4个写着序号的信封和孩子们一起来研究《来自大自然的老师》。打开第1个信封，里面介绍了与桌面材料相关的任务；打开第2个信封，里面有着8位动物老师的介绍，描述着它们不同的特征，孩子们仔细阅读，选择能够帮助自己解决问题的那位老师；第3个信封，任务是要从材料桌上选择能够模仿这位老师的器材；第4个信封，任务是要孩子们用拍立得拍下照片放进信封。整个过程，信封就像执行任务过程中的锦囊，一步一步地带着孩子们经历解决问题的过程。孩子们在这样的任务安排中，学得不亦乐乎。

语文老师在跨学科听课的过程中受到了启发，语文项目化学习的阅读中也需要这样安排任务，厘清先做什么、后做什么。在共同商议后，我们决定先确定下一个项目开展需要完成哪些活动，接着再将这些活动根据孩子们认识事物的发展规律进行合理的安排。

例如，一年级"再遇'仓颉'"的项目中，就涉及"了解仓颉""了解象形造字法""了解指示造字法""了解会意造字法""了解形声造字法""自己创造字体"等主要活动。其中，"了解仓颉"一定是首要安排的任务，"自己创造字体"一定是学习四大造字法后才能去完成的任务。这样，项目的主体脉络就逐渐清晰，随后四大造字法按照它们问世的顺序逐一出现。循序渐进的任务安排，使整个项目能够顺利开展。

（二）妙趣横生的亲身经历

近年来，一些新的娱乐方式出现在我们生活中，有几项渐渐引起了我的注意。"密室逃生""剧本杀""沉浸式戏剧"，这几个新鲜的字样出现在学生的谈笑之间，让我不禁去问："这些到底是个什么'玩意儿'？到底有什么好玩？"

没想到孩子们如数家珍，把他们在剧本杀中演过的角色，在密室逃生中经历的智商决战，惟妙惟肖地表演给我看。这一演，让我看到了"身临其境"对于当代教育的重要性。

正如在学科培训中，无数的专家都专门解释了"学科实践"一词，曾经只想到做中学，这一次却分明指出了，要像这个学科的专家一般行事，要有亲身经历。那么在项目化学习中，亲身的经历也是必要的。

四、学科融合促阅读

我讲过一篇课文，说的是爬山虎的"脚"，为了把那些嫩嫩的"小脚"描述得准确到位，特地找来了科学老师一起备课。那天天气很热，我们在学校后墙翻着那层层叠叠的爬山虎，仔细观察那满墙的"脚"，只为了在讲课文时变得有声有色。

在语文的阅读中，常常会发现文字有时会是一种传达万物的工具，它用符号的形式记录着自然的神奇，让我感受到阅读是一种跨越学科的存在。

（一）包罗万象的学习内涵

从一年级的课本到五年级的课本，语文教材中的许多内容不再是单纯的文字，而是包罗万象。记得科学老师曾拿着手电筒、地球仪、黑白半球教会我月相的成因，让我与孩子们能随时欣赏中秋的月亮。我也记得，美术老师用她的画笔，带着孩子画下了《秋天》，让 11 月的季节从课文走进真实的世界，体会着艺术与文学交织后的美感。这便是语文阅读中跨学科的意义。

三年级的"能工巨匠"项目中，讲解鲁班锁、造纸术这些伟大的中国古代发明，其中怎么能少得了科学技术的融入呢？为此，在与科学老师商议后，我们在项目中融入了动手制作鲁班锁、尝试造纸等活动，让那些形容技术的文字更加富有活力。

（二）万物归宗下触类旁通

都说现在的老师是越来越不容易当，我也常常自问这"不容易"体现在哪些方面。其中，让我觉得最难的还是知识面。网络科技的发展带领我们不断地走进信息更加丰富的时代，读词语、写句子、背课文已不再是语文课唯一的景象。

一节课讲着讲着，时不时会出现这样的话："老师，我觉得钻木取火现在也需要。""老师，如果气候发生变化，花就不能再作为钟来报时了。""老师，黄山奇石的形成有地壳运动的原因。"这一系列跟语言文字无关的信息，渐渐出现在我们的语文课中，作为语文老师，我们应该如何应对呢？

语文的项目化学习，就是给予学生自主探究和分享的空间，让他们把自己阅读的收获时不时地与同伴、与老师分享。面对学生提出的问题，我们应该学会梳理、整合，使其成为项目化学习或是语文课堂教学中的资源。在信息爆炸时代，教师要学会与孩子共同探索未知领域，用文字的力量将它们整合得更完美，体验跨学科教学带来的不同凡响。

第四节

在主题式活动中阅读

来校访问的同行、教育学者、专家时常会问我："是什么让你一如既往地坚持将每周最黄金的'周一'就这么'扔'给孩子们去做一些与'读书无关'的事情？"我没有急着去说我的思考与实践，若正巧是周一，那我就带着大家在校园里走一圈。这一刻，可以看到孩子们忙碌的学习身影，他们沉浸于主题式活动的学习之中；若是其他的日子，我就邀请大家感受我们的校园文化，从走廊到教室，从地面到天花板的布置，都是孩子们主题式活动的成果。

学校坚持"把普通的孩子培养得不普通"，探索"五育融合视野下，拔尖创新人才早期培养路径"。我们都知道学生的成长，需要课程的支撑与滋养，主题式活动是学校课程体系中的特色，是早期培养拔尖人才的沃土。每周一全校开展主题式活动，从身心角度而言，学生不受制于学科的学业压力中，在比较自由又相对集中的氛围中，与双休日自然衔接；从学习内容而言，围绕一个主题，多学科融合，在玩玩做做、读读写写、跳跳唱唱、说说演演中，调动学科知识，运用基本技能，在活动中解决问题，在解决问题中提升能力。阅读在主题活动中扮演着重要的角色。

我时常对语文组的老师说："语文课上学习阅读，主题活动中用阅读学习。"这亦是我主张让每周一成为孩子们自由探索的目的，因为在这样的课程样态中，学生才能有目标地、主动地去阅读、去思考、去实践，能够充分地获得个性化的成长。

那么，这一天真的与读书无关了吗？答案自然不是，这一天包含了各种方式的学习，"阅读"在其中占据了很大的比例，并且不同的学习情形，"读法"还不同，"阅读"在主题式的教学中承载着不同的角色。

一、阅读作为"脚手架"

我对于"脚手架"的第一次认识跟大多数人一样，是在工地上。平地而起的学校大楼绑扎着一根根钢筋做的管子，这些管子支撑着建筑工人来回穿梭，一年后便有了一座教学大楼。脚手架慢慢升高，逐级而上，建筑工人边造楼边搭脚手架，脚手架搭多高，楼就能造多高，它还能保护工人的安全。

在学习中的孩子也需要"脚手架"的支撑，我们希望学生成为学习、探索的主人，自发地在学习中形成面对一系列问题不退缩的勇气，掌握解决问题的本领。在我们主题式的学习中，"阅读"就是一种牢固的脚手架，既引导学生不断深入研究，又让学生不偏离研究的方向。

（一）阅读能化难为易，化繁为简

曾经看过一些关于儿童思维发展的书籍，最感兴趣的是皮亚杰儿童认知发展理论，这位瑞士心理学家在经过长年对人的观察后发现，人在2—3岁时就有思考的迹象，主要表现在与周围环境的互动和交流中。例如，2岁的孩子会抓着妈妈的头发，3岁的孩子会不断地尝试用不同的方法翻出床围，直到成功为止。

与此同时，皮亚杰也提到，孩子的思维能力尽管会随着儿童年龄的增长而增强，但是从咿咿呀呀对苹果、玩具等实际物体探索的阶段，向摆几根火柴棒就能做脑筋急转弯的算术题的阶段迈进时，是需要一定帮助的。

唐朝刘长卿的诗句中写到"古柳依沙发，春苗带雨锄"。思维的发展就如这春苗一般，需要各种方式的扶植。在学校主题式的课堂中，我们让思维的春苗激发的雨露便是"阅读"。孩子在探究众多的主题过程中，时常会遇到需要大量知识的时候。

"到底什么是规则呀？"一年级刚入学的孩子们在"班级王国"主题探索中遇到了难题。老师讲规则概念，学生听不懂；学生打开平板电脑查阅，却不具备理解大量文字信息的能力。此时，老师悄悄地把《图书馆的狮子》《大卫，不可以》等这些图文并茂的绘本放在孩子们的眼前，孩子们在绘本的阅读中理解了"班级王国"需要的规则。

在这个例子中，绘本阅读成了理解"规则"、制定"班规"的"脚手架"，孩子们了解了规则是什么，并且井井有条地制定和梳理出了班规。当孩子在主题活动中碰到难题时，阅读帮助学生化深奥为浅显，化烦琐为简洁。在低年级的主题活动中，各类绘本会及时出现在孩子们的眼前，通过阅读绘本帮助学生打开思路，解决难题。从中，我们真切地感受到，在任何学习活动中，阅读都不能缺席。

（二）阅读能一步一印，拾级而上

在一次主题式学习研讨中，有一位资深专家说了一段玩笑话，我却颇有感悟。"当我们在提倡让孩子能够拥有自己思考的课堂时，却时不时地去研究一堆学习的'脚手架'，随后为了证明这些'脚手架'的作用，便这儿也放一些，那儿也放一些，最终孩子思维的自主权还是被剥夺了。"

的确，我们一定要思考"脚手架"出现的时机。在主题活动中，什么时候安排阅读，阅读什么，怎样的阅读才能成为有效的"脚手架"，实现让孩子在自己踏出的每一步中开展有效的阅读活动。

二年级"家庭文化展"主题探究活动，设计了让学生讲出家庭成员的籍贯、所说的方言、爱吃的地方菜、过节的习俗等一系列的活动。除此之外还有了解家中的"宝贝"，去"考古"自家家庭文化等环节。教师预先将《荷花荷花几时开》《百家姓》《春节的故事》《团圆》等相关的绘本放置在教室的书架上，并在探索活动之前介绍了每一本书。活动开始了，"什么是方言？""什么是习俗？""百家姓是怎么来的？""赵、钱、孙、李到底有什么文化含义在其中？"……一个个问题接踵而来。不同的活动小组，碰到的问题是不一样的。当孩子们遇到相应的问题时都能自主寻找书籍，进行有目标的阅读。

阅读"脚手架"的预设，需要教师做大量的准备工作。教师要广泛阅读，收集相关材料，再进行梳理、筛选，挑选符合主题、适合学生年龄特点的内容，呈现给学生，再让学生有选择地去阅读。学生在阅读"脚手架"帮助下的学习，才是真实而有趣的，这样的"阅读"使得学生真正感受到阅读的力量和快乐。

二、阅读成为"加油站"

如果要问我学校中最喜欢的风景在哪里？作为语文老师，我会脱口而出："在五楼转角处的图书馆。"我给图书馆取了一个有趣的名字——"915

星球""915"即是学校的门牌号，"星球"取自《小王子》一书，寓意小王子居住的 B612 小星球和居住着孩子们的 915 号校园邂逅的意境，寄托着孩子们与经典同行的期许；"星球"代表了这是一个海纳百川的知识熔炉，也是孩子内心获得充盈的天地。

"915 星球"的书单大多是由孩子们自己挑选的，他们会时不时地将书籍的目录照片投递到"915 号信箱"，图书馆的老师会定期根据书单进行购买。仔细观察书单里的书籍，会发现大多与主题式学习的内容相关。有时候尽管没有在探索某些内容，但是孩子们依旧列出了相关的书目，我知道这一定是他们在为下一次探索做着"加油"的准备。

（一）人非自知，所需充实

唐朝韩愈在《师说》中写道："人非生而知之者，孰能无惑？"表达了我们每一个人都需要通过学习储备新知，因为大千世界的万物并非在出生的时候就自带知识储备的。

在主题式的学习中，"阅读"给予了非常好的知识储备平台，让孩子们在探索之余，能够拥有更为丰富的知识宝库。

新冠病毒肆虐以来，孩子们外出研学考察成了难题，尤其是在室内场馆的考察。天文馆、自然博物馆、科技馆……这些原本深受喜爱的博物馆，孩子们能去的次数屈指可数。针对这个现象，二年级的主题式学习开启了"移动博物馆"的探索，以自然博物馆为蓝本，孩子们选择喜欢的动物，打造一个活灵活现的"移动博物馆"，让学校的全体教职工都能够观察各种动物。本以为，这项探索需要孩子们在网上搜索大量学习资料。不料孩子们捧着一大堆书走进了周一的课堂。《动物世界》《奇趣大自然·动物萌宝成长记》《王朝·动物家族的兴衰》……一本本与动物相关的书成了孩子们探索的主要阵地，整个"移动博物馆"的建造非常顺利。

可见，孩子们将阅读当成一种习惯，就像机器加油一样，既是润滑剂，又是动力源。主题探究过程中，学生在不断探索，不断调动知识的储备，这就是活学活用，这才能让知识富有应用的价值和强大的生命力，也是我们所说的让知识"活起来"。

（二）天高地广，目至千里

2022年11月8日傍晚6点多，我的手机里一时间收到了许多图片，是各个角度的月亮，还有关于"超级月亮"的解说。

其实，我对"超级月亮"了解甚少。我听着那一条条的语音，看着一条条科学解释，它们让我再次感受到，阅读作为一种学习资源的存在，能给孩子们带来不一样的天地。

你看，学生在了解关于"地球与宇宙"时，他们会找来一堆书，有的是平时自己阅读过的，有的是新购买的。他们会带来一段段视频，包括从《地球的脉动》《国家地理》等纪录片中截取的相关片段，提供给大家观看。"山脉""板块""南北极的秘密""北极星的启示""二十四节气的秘密""恒星的意义"等深度阅读和探索在分享环节一一呈现，学生的探索笔记有摘记、有照片、有感悟，丰富而充满着创意。

不得不承认，"授之以渔"这句话是很有深意的。在当下知识信息如此丰富的时代，孩子们到底需要些什么，我们还难以断定。但是让"阅读"来"加油"一定可以给他们更加广阔的视野，起到目至千里的作用。

三、阅读成为"孵化器"

阅读碰到主题活动后，就会衍生出很多老师所意想不到的惊喜。在主题活动中，孩子们想上公开课，由他们做老师，把探索的过程和成果与他人分享；他们想建造天文馆让家长、幼儿园弟弟妹妹来参观；他们创作了一幕幕舞台剧在校内外"公演"……这一切，与孩子们的阅读密切相关。"阅读"是"孵化器"，不断创造惊喜，见证着孩子们的成长。

（一）阅读，在不断积累中转化

定期的多层次阅读书单推送，阶梯式的阅读指导，多平台的阅读展示，帮助每一名学生养成了良好的阅读习惯和阅读能力。

这次以"兴趣"为主题的课堂，带给了孩子们表达的机会，他们将平时感兴趣的和阅读过的"话题"一一罗列，不难看出"哈利·波特""指环王""表情包"等，都映射着他们阅读的积累。当他们能够将"阅读"的内容，以自己的理解表达时，证明"积累"已经到达了一定的程度。

"哎，你知道这个咒语怎么念？""不不不，不对，这是开锁的咒语，我问的是最后的索命咒。""索命咒学来做什么？不如看看赫敏爱学的魔药课""哈利·波特小组"不停地商议着他们想要展示的"魔法课程"。不少人会觉得他们探究得"荒唐"，但是谁又能说他们在这样的探索中学不到东西呢。他们画出了魔药的组成，甚至拿出《本草纲目》来进行比对、梳理。最后，一张张"魔药"的药方出现在手中，孩子们脸上也露出了满意的笑容。

我也是听了一节"指环王"的课，才知道有一本书叫作《精灵宝钻》，它描述着一个世界、一种语言，我从未想到过文学可以如此有力量。有序列的设计，有层次的阅读，每个孩子在不断的积累中，开阔了视野，转化成学习动力，这便是阅读的孵化作用了。

（二）阅读，在不断的积累中薄发

你遇到过孩子们跟你"约课"这回事吗？这么有趣的事儿发生在了我们的学校。当我走进办公室，看到桌子上放了三张"票"时，心里乐开了花。一张是"哈利·波特的魔法课"，一张是"神奇动物在这里"，还有一张是"表情包的那些故事"。每一份约课单后面都附着一份教案、任务单，还写清了时间、地点、参与人数，真是有趣得很，让我不得不去了解这些课的与众不同。

"915星球"有一个教师用书的专区，专门为教师提供教参、教学理论等书籍。但在"开一节公开课"主题探索的第一天，所有的教师用书都被一抢而空，导致教务处的老师只能加班加点，把仓库的教参书拿来补上。

这是一个很新奇的事件，孩子们为了做好一名老师，讲好一堂课，认真筹备起来，在选定了内容后，"如何开好一节公开课？"成了他们首要的功课。

"什么是教学目标？""什么是教学环节？""看看看，这节课设计得真好，这位老师的引入一下子能吸引眼球。""我们怎么激励同学回答问题？""他们不认真听讲怎么办？"……这些老师平时会考虑的问题落在孩子们的身上，他们也遇到了"有趣的内容无人问津，精心的准备无人尊重"这样头疼的情况。

教学参考书不停地被孩子们翻阅着，新奇的事儿发生在他们翻阅的过程之中。孩子们翻阅每一本书时，都是先看目录，随后找到需要的位置，旁边放了一台平板电脑，上面查阅着一些他们不了解的名词，帮助他们答疑解惑。

学以致用，才能主动阅读。学生们如饥似渴地沉浸于图书馆，与他们之前的阅读经验有关，他们能够根据自己的需求寻找阅读的资源，也能够根据问题选择相应的阅读内容，在日常阅读的积累中，了解了阅读的意义，孵化出阅读的能力。从表面上看，孩子们是为了上好一节公开课，为解决一个问题；往深处想，阅读成为孩子们有力的思维工具，在潜移默化中，促成了孩子自主解决问题。在某一时刻，他们当下所积累的阅读经验，定能孵化出帮助他们成就"学问"的能力。

四、阅读作为"展示台"

"新年画展"是我们精心策划隆重推出的一个活动。学校的大厅、长廊铺满红色地毯，架子上挂满了孩子们关于新年的作品，经过此区域的人们都忍不住驻足欣赏着这一幅幅"不俗"的画作。十二生肖跃然纸上，一年成长搬上画作，校园生活通过一张张画呈现出来，有的画作图文并茂，或赋诗一首，或感言几句……这也是学校为"阅读"搭建的"展示台"。

几年前，当主题式课程刚刚有个雏形的时候，我们最常见的便是那一张张的海报，用现今的眼光来看，可能不是那么完美。然而，这一张张的海报却能够紧扣主题，诠释成果，足以让人欣赏。于是，我与美术组的老师共同商议，将门厅与一条长廊打造成展厅，让孩子们书面成果能够被展示，能够被"阅读"。

（一）在"阅读"中，学会鉴赏

小时候，我会时不时地读自己的作文，尽管老师已经修改打分，但我还是百读不厌。在"阅读"时，有时我孤芳自赏，觉得自己当时怎么写得那么棒；有时我又觉得有点遗憾，想想当时在写这篇文章时怎么没有把一个好词放进去，没有把一种修辞手法用进去。孩子有"阅读"自己或同伴的"作品"的心理需求，在"阅读"中也会不断思辨。

我喜欢在校园、在教室、在走廊举办各类作品展，一是可以了解到每个学生学习的足迹、对于问题的诠释；二是希望孩子们在主题式学习中的成果能够获得共同的欣赏。

今年年末的展览依旧是"迎新书画展"，这一次定下的主题是"年画"。同学们围绕年画，展开相关的阅读。"什么是年画？""年画有哪些元素？""年画的主要颜色是什么？"一个个问题，在阅读探索中不停地呈现出来。在经过一系列的探索后，不少学生决定以"书"配"画"，让每一幅"年画"都能够配有相应的解释与说明。例如，画了兔子抱着锦鲤的，会对十二生肖的兔子与吉祥物锦鲤的含义作出解释，说明兔年提升成绩的寓意与期望；又如，画了兔子为造型的门神的，则对门神的含义以及门神所持武器作出一定的解说，提到保家平安的寓意。

（二）在"阅读"中，取精补短

明景泰年间，程登吉在其《幼学琼林》中写道："他山之石，可以攻玉。"其间暗喻着别国的贤才可以为自己效劳、让自己进步的意思，这个道理在我们的阅读中同样适用。

当孩子们通过"阅读"进行学习，并且将学习探索的成果进行"展出"，成为另一种特别的阅读材料时，这种方式就成为他们互相促进、互相成就的平台。在主题式阅读中不少例子都显现出"阅读"可作为一种展示的优势。

在我们学校，因为幼儿园离得近，每一年都会邀请幼儿园的孩子观看

一、二年级的学生上课，让他们能够提前了解小学生活的样子。和预想的一样，幼儿园孩子对文化课印象不深，反而对那些实验、画画、主题式探究的课感兴趣。

当三年级的哥哥姐姐收到"如何教弟弟妹妹们做科学实验？"的任务时，一个个眉头都皱了起来，还有不少"小大人"在那儿说："这不是瞎胡闹嘛。"但作为哥哥姐姐，他们还是想出了法子，就是做一本《科学实验手册》。这个灵感其实是来自于科学课中，老师给予他们的实验报告单，他们认为只要画清步骤，写清实验清单，就能够教会弟弟妹妹们安全地做实验。

想法很不错，现实很残酷。为了能够保证弟弟妹妹的成功，他们首先将制作完成的手册放置在展厅，让全校学生进行评价。第一版"文字版"的科学实验手册，四、五年级的学生觉得烦琐，提了一大堆意见，幼儿园孩子更是表示不爱看。于是，他们参考了图书馆的一些图文并茂的科学书，进行改良。第二版"图文版"的科学实验手册，幼儿园孩子是爱看了，却受到了四、五年级同学的批评，图示不规范容易产生误导。为此，他们进行了一个又一个版本的改良，最终的版本获得了各方的高度认可。

在这个例子中可以看到，当阅读成为一个"展示台"时，孩子们互相品鉴，共同交流，体会到在这个过程中让自己获得成长的方式。同时，也让我感受到展厅对于孩子们在阅读中的重要性。书本并不是唯一的材料，学生的作品也可以是孩子们阅读中不可或缺的素材。

在主题式的教学中，让我收获最大的一点便是阅读在其中起到的作用。我希望能够推广"阅读"这种有效的方式，将探究学习实践得更为扎实。"阅读"让缤纷多彩的主题获得了二次生命，也让这一群向往自由学习的孩子获得真正的心智解放。

后记

- -

当书稿即将付梓之际，我的内心充满了深深的期待与感谢。《书有光 读最美——让孩子爱上阅读的融合实践》与其说是我多年来语文教学的感悟，还不如说是我们学校语文学科团队教育教学智慧的结晶。

七年来，我和我的同事扎根于小学语文阅读教学阵地，倾心于校园阅读活动的推进，引领孩子们遨游在阅读的海洋中。孩子们在趣玩汉字中品味文字的魅力，穿梭于童话诗歌、绘本故事、经典名著等书籍之中，体验戏剧表演、行走阅读、项目化阅读和主题阅读的乐趣，探索整本书阅读和群文阅读的创意，寻找最适合自己的阅读方法，培养了良好的阅读习惯，提高了自主阅读的思维能力和创新实践能力。孩子们扎根课堂阅读，并能在课内课外的阅读活动中萌发新芽，拔节生长。

《书有光 读最美——让孩子爱上阅读的融合实践》书稿的完成，首先感谢的是我们的语文老师。书中的故事案例不仅来自于大家的实践，更是在撰写过程中得到了他们的智慧奉献。我们多次召开研讨会，一起研究和提炼学校以"阅读"为专题的前沿思考和创新做法。其中，青浦世外的陈明、彭嘉玲、钱婧倩、於丽虹、奚珊珊、周超、周慧、李瑞、吕小慧和董中枢等老师放弃了无数个节假日，提供了丰富多彩的鲜活实践案例，为本书的成稿作出了巨大的贡献；汾湖世外的姚红、陈雨霜、倪玲丽、柳杨、张秋萍、麻丽萍和

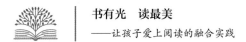

韦添老师把青浦世外的经验，进行了本土化的实践，也提供了弥足珍贵的案例。

本书成形过程中，得到很多专家的指导和帮助，他们有上海市教育学会尹后庆会长，上海师范大学郑桂华教授，上海市特级教师、青浦区教师进修学院教育科研中心朱连云主任，奉贤区知名校长、资深教育科研专家朱权华等。集团总裁、青浦世外徐俭校长也多次关心，并给予指导和支持。

因时间仓促和个人的学识局限，本书中难免有缺陷错误与不当之处，抑或还有很多不完善的地方，恳请得到各级领导、专家与读者的批评与指正！

2023 年 4 月于"915 星球"